PUHUA BOOKS

我们一起解决问题

服务的艺术

打造让人惊喜不断的五星级服务

[英] 迈克尔·赫佩尔（Michael Heppell）/ 著　俞强 / 译

（第三版）

5 STAR SERVICE

How to Deliver Exceptional
Customer Service

人民邮电出版社
北　京

图书在版编目（CIP）数据

服务的艺术 : 打造让人惊喜不断的五星级服务 : 第三版 / (英) 迈克尔·赫佩尔 (Michael Heppell) 著 ; 俞强译. -- 北京 : 人民邮电出版社, 2017.6（2020.10重印）
ISBN 978-7-115-45683-0

Ⅰ. ①服… Ⅱ. ①迈… ②俞… Ⅲ. ①企业管理－销售服务 Ⅳ. ①F274

中国版本图书馆CIP数据核字(2017)第084224号

内 容 提 要

忽略服务细节、与客户互动不良、投诉应对方法不合理、客户流失率高……如果你和你的机构总是面对这种问题，那么为了避免你的客户被竞争对手抢走，是时候学习一下“五星级服务”的理念了。

本书是英国家喻户晓的激励大师、服务领域的专家迈克尔·赫佩尔的一部经典作品，在最新的第三版中，作者从服务心理学、情感工程、激发互动、摩天大厦的地基、疏导负面影响、领导力课程以及商业蓝图7个角度归纳了54个践行五星级服务的诀窍，教导服务人员和服务机构学习与完善如何在客户的情感账户中存钱、如何激发有实质回馈的互动、如何把投诉时间变成闪光的一刻等最易失去竞争优势的服务细节，并且通过十几个新的品牌推广技术和100多个即时提示，帮助读者击败竞争对手，留住老客户，争取新客户。

本书不适合那些仅仅满足于“没有投诉就是好”的止步不前者，对于那些时时刻刻都有危机感的服务人员和服务机构，尤其是互联网服务时代所有不断追求上进的个人经营者和企业来说，本书是一本让你不花大钱就可以得到重复订单和口碑推荐的宝典。

◆ 著　　　　【英】迈克尔·赫佩尔（Michael Heppell）
译　　　　俞 强
责任编辑　姜 珊
责任印制　焦志炜

◆ 人民邮电出版社出版发行　　北京市丰台区成寿寺路11号
邮编 100164　　电子邮件 315@ptpress.com.cn
网址 http://www.ptpress.com.cn
涿州市京南印刷厂印刷

◆ 开本：700×1000 1/16
印张：15.5　　　　2017年6月第1版
字数：200千字　　2020年10月河北第17次印刷

著作权合同登记号 图字：01-2016-4778号

定价：55.00元

读者服务热线：(010)81055656　印装质量热线：(010)81055316
反盗版热线：(010)81055315
广告经营许可证：京东市监广登字20170147号

前　言

欢迎你翻开《服务的艺术》这本书的第三版。

若你曾读过这本书，此时你的脑袋里很可能会跳出一个问题："为什么还要写第二版和第三版呢？"这是个非常好的问题。自从这本书的第一版于2006年面世以来，我敢肯定你一定会发现这样一种情况，就是你的客户们对服务的要求已经变得越发苛刻了。而且，我和大家一样可以感受到每个人的期望值都在越来越高，迫使你提供更好的服务的压力与日俱增。所以，为了更好地应对这些挑战，我又写了最新一版。

第一步，我重新阅读了《服务的艺术》最初的手稿，把一些不重要的、过时的和不适用的部分从书中删掉。

第二步，继续进行关于开创五星级服务的研究。这相对简单，因为我一直关注客户服务中的优秀案例。到目前为止，相较于第一版，我已经增加了27个新理念来帮助你们开创自己的五星级服务文化。

第三步，尽可能让这本书更具有实用性。你们和我一样，阅读过大量的书籍，也受到过很多理念的启发，但是这些理念都无法落地。于是，我改编了书中关于培训的一些章节，让你们知道如何通过客户服务的培训项目，来把五星级服务的理念切实运用到你自己的机构中去。

针对这本书的第二版，有人认为全书的结构编排得有些笨拙。一些读者觉得章节之间的关联性不强，在阅读中产生了不少困扰。在写这本书的时候，我的想法是，读者拿起书，打开任何一页都可以立刻无障碍地开始学习，这本书就是为了让大家能即刻学习而设计的。

不过，在这一版中，我把全书系统地分为七章。你依然可以按照你喜欢的顺序来阅读其中的任何一章，但是这一次在写作上略有章法了。

我仍然建议你从“服务之星”开始阅读这本书。从某种程度上来说，它是相对独立的部分。下面，就让我来介绍一下书中各章节的内容。

服务心理学

你在这一章中读到的内容可能是一些常识。但是，我敢打赌你肯定没有完全做到过这些事情。在这些理念中，有的可能与你的想法完全不同，有的则与你的想法一致，你会隐隐约约地感觉到自己似乎已经把事情都做对了。

这一章共分为四个部分，都是基于日益改变的客户服务领域的内容。那么，为什么你们要花时间来阅读这一章呢？因为你可以立刻运用到你学到的所有知识，而且无须大量的思考、努力和想象力。

情感工程

每一个阅读这本书的读者都有共同之处：你们都是人，你的客户也是人。你提供的服务也就是一个人与人之间的互动。于是这就会带来下面的问题。

要知道，人是充满矛盾的个体，是敏感、情绪化并且会先入为主、预设期望的混合体。

你的任务就是保证自己能够提供最高级、最完善的服务，来让你的客户喜爱上你，保持忠诚度，让你立于不败之地。

情感工程这一章会给你提供一系列理念，来帮助你在客户的情感银行的账户里拥有足够的额度。当你需要的时候，你可以随时取出来，而且永远不会透支。

激发互动

在很多场合，你都需要和客户保持愉快的互动，所以这一章可能会贯穿整本书。

事实上，在你与客户交流的过程中，每一个“触点”都会让你的客户感到沉闷或惊喜，一个恰到好处而且简单的交流方式可以让你们之间的互动进入良性循环。

摩天大厦的地基

幕后会发生什么呢？你如何把基础打得更牢？《服务的艺术》的第 5 章将会帮助你安排好你的进度，确保你能打下一个坚实的基础，从而建立一个服务的典范。地基并不是摩天大厦最引人注目的地方，人们往往不会给予它强烈的关注，而且打地基也不是一件有趣的事情。但是，它却是整个运营中最重要的部分，如果它停转了，所有人都会遭殃。

这些基础工作看似简单，但却是必需的。每一个机构所试图建立的五星级服务的目标都与之密切相关。

疏导负面影响

有时事情会变得糟糕。365 天无失误的服务简直就是个天方夜谭。所以，秘诀在于你要有信心在事情搞砸的时候知道如何去应对。

你和你的团队要在潜在的“陷阱”出现之前就做好准备。这才是最有价值的事情。

领导力课程

这一章并不是让你的老板来读的。每一个人都可能成为一个服务的领导者。这关乎你是否会拥有被他人效仿的领导能力。

如果你是一个老板，本章的理念将帮助你通过有趣而积极的方式带出一支优秀的团队。

商业蓝图

在这本书的最后，也是我们服务的最终目的，就是要让大家学习如何赚更多的钱，因为即使是非营利机构也需要通过赚钱来发薪水。

《服务的艺术》的商业蓝图将会告诉你一些想法和理念，来帮助你建立自己的服务品牌，在实践中运用这些理念，让《服务的艺术》成为公司培训的必备教材。

总而言之，这一版的《服务的艺术》是一个内容更为丰富的版本。书中囊括了大量的理念、故事、工具和技巧，来帮助你更好地掌握“五星级服务”。

热爱服务

每个人都喜欢成为五星级服务的受众。这会让你觉得自己很特别，受人喜欢，有时候甚至能感受到无微不至的爱。换一个角度来说，提供五星级服务更易使你的客户支持你或原谅你。

这是一个关键因素。人们总是会去谈论某个确实很好的服务或者某个的确很差的服务，但是很少去评论那些居于中游的服务。所以，如果你不想停留在“我不会受到任何投诉”的阶段，那么你一定要好好阅读这本书，而且还要立刻去尝试运用书中的这些理念。没有受到投诉并不代表你提供的服务就是好的，只能说明人们不屑去投诉你。当你想明白了这一点，会不会有种后怕的感觉。有多少次你对接受的服务感觉不舒服却又懒得去抱怨呢？估计你自己都记不清了。我们正处在一个急剧变化的世界中，我感受最大的一个变化就是客户们的要求越来越多，但是他们却没有告诉你。

所以，这些提出高水准服务要求的客户是些什么人呢？主要有两种类型的客户：一种是外部的——不属于你机构任何部门的人；一种是内部的——就是你机构中的每一个人。简而言之，你可以把客户看成你自己之外的任何一个人，并且所有人都应当获得五星级服务。

为什么要用五星级服务

听上去，提供五星级服务需要付出大量额外的工作和精力。这些真的是必要的吗？也许你的机构并不是一家五星级酒店，也许你通常只会和中端客户做生意；也许你会认为，既然他们只付了三星级标准的价格，我只用提供三星级的服务就足够了。

也许你身处制造业，对你来说，五星级服务真的是必要的吗？要是你在医疗健康服务机构工作，或者在其他公共领域的机构工作，那么五星级服务与你又有什么关系呢？

答案当然是肯定的。

实际上，如果你想达成目标、得到关注（升职）、加薪、实现更多目标以及成为一个更好的人，那么学习和应用这些技巧对你来说永远都是最重要的。

如果它花费很少或者根本不需要额外做什么，就能在竞争中给你开一个好头，那么为什么你还不行动起来，激励和维护现有的客户并且一路吸引新客户呢？难道是因为你的客户太多了吗？这么多的客户等着你去拓展或者提供高附加值的服务，你还有什么好犹豫的呢？

获得五星级服务的捷径

那么，你要怎么去做呢？这本书就是一个简明的教程。我是一个喜欢开门见山的人，我崇尚用简单明了的方式让事情变得更为简单。

在我为《服务的艺术》这本书的第一版做研究期间，我遇到了一位研究员，他花了三年的时间去考察客户服务中某个特定的领域及其在特定部门中所发挥的影响。三年之后，他获得了大量的复杂数据、精美的图表和令人难以置信的流程图。但是，令人费解的是，付出大量经费支持他这项研究的人却没有采纳和运用他提出来的任何一个理念。最后，他知道了答案，原来他只是研究了事物的现象，却没有提出切实可行的对策与建议，让人们可以从中受益。

我的这本《服务的艺术》完全不同。如果你不能采纳书中的观点，立刻运用它，并且从中受益，那么这本书就没有存在的价值。实际上，书中的一些理念真的非常简单。你们又会问，那么你为什么要花时间和精力把它们写出来呢？作为我的回应，我会让你们自己反省一下，你们是否经常性地、始终如一地去实践这些简单的服务理念呢？我经常听到这样的评论：“你说的这些理念我早就知道了。”我的回答是：“你说你知道，但是你去做了吗？”

> 其中的奥秘不在于你是否知道，而是在于你做了没有。

这本书就是要解决这个知行合一的问题，不仅要让你知道，还要让你采取行动。

但是，你也要警惕，不要仅仅采纳那些简单的理念，却对其他的畏难却步。即便是你的系统不支持五星级服务的模式，像那些“微笑”、说“请”和“谢谢”“记住别人的名字”这些简单的方法也不会派上什么大用场。但是，伟大的设计始终如一，更重要的是，出色的个人服务只存在于不断执着的追求中。

如何从书中受益

你可以设想一下，写出一本适合各个领域的读者阅读的书是多么具有挑战性。当我开始把这些理念汇聚在一起的时候，我突然发现自己更倾向于其中的部分理念，比如说，关于酒店管理方面的实例，可能就不太适用于那些坐办公室的读者。我花了很长时间去思考，如何去适当调整这些理念，从而让这本书能够适合每一位读者。直到有一天，我的一位朋友读完了书中的前面几章后，说：“我可以使用所有这些理念。”她是一位小学校长。

关键问题在于，如果你从不关注自己领域之外的东西，你就不会去看酒店的例子，而且会认为，由于你不在酒店工作，这与你无关。你要变得更有创造力，问自己：“这个理念对我有什么用呢？”这样的思维方式会帮助你在阅读本书的过程中受益匪浅。

你会发现书中的一些章节只有几段文字，但是你千万不要在意字数的多少，而忽视了这些理念的强大力量。这些短短的段落中蕴涵着最好的五星级服务理念。如果你想受到关注、被人记住，成为别人学习的榜样，你应该立刻去运用这些理念。

是不是只有整个团队都参与了，五星级服务才能成功

设想一下这样的情况，在已经读完了这本书之后，你正在运用这些理念，但是你身边的一大帮人却认为五星级服务只适用于那些高级酒店和飞机头等舱。就算只有你一个人为五星级服务努力，这种情况也不会影响到你。对于每个人来说，自己都是这个世界上最重要的人。你所追求的五星级服务标准将极大地体现出你的个人价值，让你与众不同。你要清楚地知道，你所做的每一件事都是在创建五星级服务。所以，你所做的一切都是对的，你可以引以为傲。这样，你就会越来越不满意那种简单地把工作做好就行了的状态，而是去不断地精益求精。

你可能不会知道，你的服务水平的提高会给人们带来多少乐趣，因为顾客很少抱怨，不幸的是，他们也很少表扬。但是，你会知道自己与众不同。这会给你的工作满意度和未来事业带来巨大的影响。

一般来说，由三四个思想活跃的成员所构成的小组参与训练要比单打独斗好。但是，你也可以独自去实践其中某一个理念，成为一名服务先锋。你可以从头到尾通读这本书，也可以一天读其中的一个理念。如何去读，完全由你自己决定。很多机构为一个团队买了很多本《服务的艺术》，把这本书作为讨论材料或培训资料。这样的训练也取得了相当大的成功。

我可以自信地说，这本书里的绝大多数案例都是真实的，因为这些事就发生在我身上。其余案例我也尽可能地去调查证实。如果有谁在向我诉说他们的故事的时候做了一些诗意的发挥，我也会把这些激情四溢的情感剔除。

想象一下，你是这些故事中的主人公，当你谈论自己的时候，你想让人们注意到什么？用一种被人崇拜的方式来描述它不是很美妙吗？这会不会一次又一次地鼓舞你这样去做呢？

《服务的艺术》旨在帮助你成为终极专家并创造那些神奇的时刻，让你受到客户的注意，让客户记住且经常提到你。那些拥抱本书的人将会走上一条成功大道。所以，请你一定要读完这本书，并且还要牢记：

不要仅仅停留在书本上，关键是要去做。

目 录

引言

第 1 章　服务心理学

思考非常重要。在你采取正确的行动之前，首先要好好地思考本章提到的问题，会有事半功倍的效果。

第 2 章　情感工程

与你的客户建立一种感情联系，从长远来看，这比任何促销和免费小礼物都更牢靠，而且更加经济有效。

第 3 章 激发互动

最终，为了与客户进行良性互动，我们每个人都需要找到最好的沟通方式，让他们难以忘怀。

第 4 章 摩天大厦的地基

你可以天天都提供微笑服务，但是如果你的地基不好，你的客户就会转投他人怀抱。

第 5 章 疏导负面影响

你会犯错，你会把事情搞砸，也会给一些客户带来困扰。与其总是担心掉进鳄鱼嘴里，不如学会怎么逃出生天。

第 6 章 领导力课程

要成为一名服务领域的领导者，你不一定非是一位老板，但是如果你是老板，你最好具备优秀的服务领导力。

第 7 章 商业蓝图

拥有出色的客户服务的机构能花更少的钱，赚更多的钱。

作者的嘱托

引　言

诀窍 1

服务之星

这里有一个简单的办法可以按月来测算你和你的机构在开展五星级服务中的进展情况。

你可以以个人形式或者团队形式来做这个练习。这是一个伟大的起点，它可以帮助你看到你目前做得如何，还有哪些地方需要改进。

在最初的几次练习中，最重要的是要仔细按照指引去做。但是，不久之后，你就可以在短短几分钟内做一个现场评估，看看你当前做得如何好（或如何差）。

在你完全诚实的背景下，简单的诊断工具显然是最好的。因为凭着你的希望值所打出来的分数是没有意义的，也无法衡量你所取得的进步。其实，这就和你去看医生是一样的道理——你不希望医生在你不舒服的时候说你一切都好，而是希望她能发现你身体上出现的问题，以便很容易地治疗好。

有时候，最大的挑战就是征服最激动人心的领域——你只需要知道这些挑战是什么。

在服务之星的每一个问题中，你都要给出一个 10 分制的分数。在评分的过程中，你要小心，仔细阅读问题的描述，尽管在某些领域，你可能会做得很好，却仍会得到较低的分数。

你可以为个人、为整个组织或只是一个部门来评分。这都取决于你自己的意愿。但是，不管你选择哪种方式，你的评分方法都要保持一致。

第一步很容易，就是把今天的日期写在左上角。如果你不想写在你的书上，或者想作为一个团队的练习，那么你可以到 www.michaelheppell.com 网站上去免费下载更多的服务之星的图表。

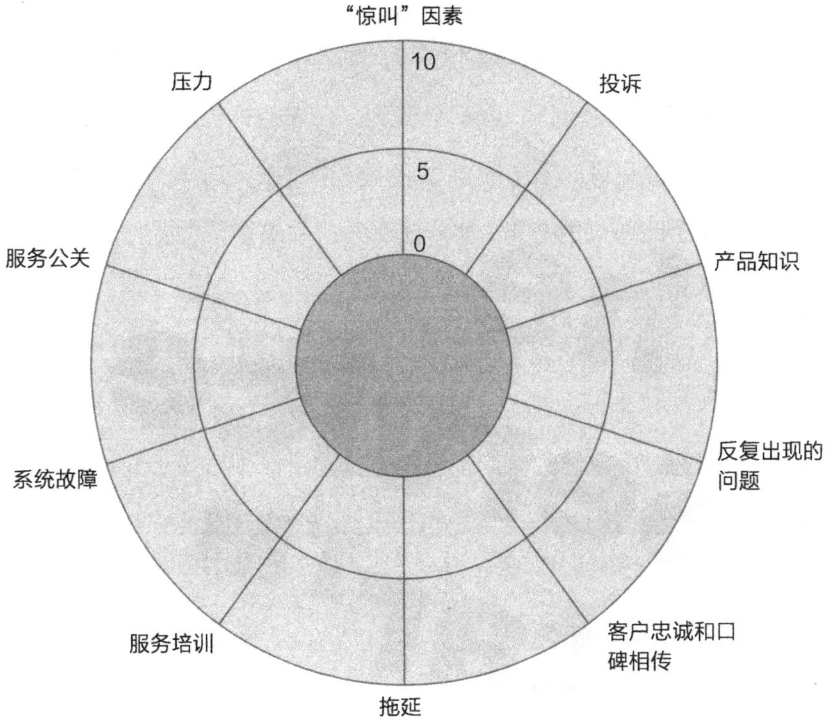

“惊叫”因素

你会让你的客户感到惊喜吗？你是那种每天都给客户惊喜的人吗？你是

那种似乎总是能找到某种方式来创造美好一天的人吗？你会把抱怨变成赞美，并总能战胜灾难吗？如果是，你可以得 10 分！

或者你只是得过且过吗？确实，并不是任何人的工作都能带来惊喜。我们宁愿专注于保持机构的正常运营，客户服务可以是别人的职责。如果是这样，你可能只能得 1 分或 2 分。

或者你会发现自己处于两者之间。请给自己打个分吧。

投诉

是否总有人投诉你，投诉你的部门，或者投诉你的公司呢？在这里，关于公司的内部和外部的投诉，我都会谈到。在你的机构里，你是否也会抱怨其他人和他们为你提供的服务呢？如果你觉得有很多这样的投诉和抱怨，那么你会得到一个比较高的分数，8 分或 9 分；如果你认为更糟的话，甚至会得到 10 分。

或许，投诉和抱怨很少发生，或者就算发生了也几乎是极个别的情况。不管是公司内部还是外部都是这样吗？那么你会是一个稀有品种，因为你、你的系统、你的服务或你的客户都没有差错，所以很难投诉和抱怨吗？如果是这样的话，你会得到一个相当好的分数，一个比较低的分数。请给自己打个分吧。

产品知识

你对自家的产品了解多少？你是否充分了解产品，熟悉到可以编写产品使用手册的程度呢？你知道产品的历史、设计等方方面面的情况，当其他人需要了解更多的产品知识时，你都可以提供指导。如果是这样，那么要恭喜你，你获得满分，10 分。

或者，你是不是只知道你所需要了解的那部分知识？或当你需要更多信息的时候，你是不是知道如何去查找它？不过，这只是搜索而已。要觉得公平的话，请给自己一个中等的分数。

或者，你是不是在硬着头皮即兴表演？你是不是根本就不了解产品工作的原理或者压根儿不知道这是什么？毕竟，你的工作并不要求你是个百事通。如果你只能依靠产品知识表格，而不能就实际情况进行讨论，那么我恐怕只能给你一个低分了。

反复出现的问题

一出现问题，你是否就能把它扼杀在萌芽状态？你是那种喜欢挑战问题的人吗？甚至在问题发生之前，你就有出色的防预系统，在问题初见倪端的时候就消除它吗？如果你能够这样做，那么你在这方面将会得到一个好分数。

或者，你一次又一次地遇到同样的挑战？事实上，你可能已经记住了那些会经常出现的问题！如果在你的工作当中，经常出现客户服务问题，那么你可能会在这个“反复出现的问题”领域获得高分。在 0 ～ 10 分之间，请给自己一个诚实的分数。

客户忠诚和口碑相传

门铃响起来，一个新的销售机会来了，这次是一个老客户介绍了他的同事或朋友来购买；电话铃声响起来了，一个老客户打电话来，他们几乎不会去任何其他地方购买产品。如果这听起来像你，那么我敢保证你可以在客户忠诚和口碑相传方面给自己一个很高的分数。

或者，你必须为每一个新客户而奋斗？你必须努力通过说服人们了解你的优势来建立新关系？如果你没有得到过推荐，或你的客户不愿意再回来，那么这个时候，你就会得到一个低分。请给自己打个分吧。

拖延

想一想你客户的体验。要多长时间才能有人接电话？他们能在第一时间找到合适的人吗？他们要等多久才能得到消息？

如果你能迅速处理客户的问题，而且能采取措施来减少等候的情况，你就会发现在这个方面自己会有一个很好的低分。然而，如果你拖延了几天，或者你的系统运作缓慢，这可能会让你在拖延这个部分获得高分。

不要拖延。请给自己打个分吧。

服务培训

这是一个比较容易的工作。你在服务培训上投入了多少时间、精力和资源？你致力于每周会议和月度培训吗？你得到你需要的培训资源了吗？你投入时间学习，最后发挥作用了吗？

或者，你只会不时地在服务培训中随波逐流应付一下而已？当你谈到客户服务培训的时候，你是否挣扎在最底层？我知道你只是太忙了。

如果在服务培训上，你花了时间学习和应用，就给自己一个好的高分。如果你似乎并没有这样做，不需要找借口，请你适当地给自己一个低分。或者，你可能介于两者之间，那就给自己一个适当的分数。

系统故障

你的系统运行得有多好？你的系统是运行顺利还是磕磕绊绊？如果你根本就没有系统，那么你可能会觉得很难知道它们是否有用。相信我，如果你没有一个系统，那么你已经失败了，这等于在系统故障这个方面你得了高分。

如果你的系统是过于复杂或过于激进也会出现这样的问题。当右手不知道左手在做什么，这意味着你的系统有问题。当一个新人加入你的团队，几个星期后，他们还不知道该怎么做，或者还不知道如何获得正确的信息时，就说明你的系统已经失败。所有这些都将导致你在系统故障这方面得到高分。

或者，你有这样一个优秀的系统，从来没有出现过系统故障。系统运行得非常完美，当有问题出现的时候，你能够运用这个系统找出问题并很好地解决它。这将会在系统故障这个方面给你一个很好的低分。请给自己打个分吧。

服务公关

你的声誉什么样？你是丽思卡尔顿酒店还是英国铁路？想想别人会怎么评论你。他们是称赞你惊人的客户服务，还是把你作反面的案例？更糟糕的是，他们根本就不会谈论你？

如果你以五星级的服务闻名于世，你出色的工作方式获得各方的广泛认可，你可以在这里给自己一个很高的分数。相反，如果你觉得自己的名声不好，或如果你根本没有什么声誉可言，你可能需要给自己一个低分。

压力

你感觉到压力了吗？你把压力带回家了吗？它是无法抗拒的吗？如果你大部分时间都感到压力，这会影响你的身体和精神，那么你恐怕会得到一个很高的分数。

如果你经常感到压力，但肯定不是所有的时间都沉浸在压力之中，那么你可能愿意给自己一个中等的分数。

如果你从来没有感到过压力，你可以在任何时候应对任何情况，感觉完全放松，那么你可以奖励自己一个很好的低分，然后继续放轻松……

结语

现在，你已经给每个领域都打好了分数，在图表上把这些点用简单的直线连接起来。如果你足够完美的话，那么从“惊叫因素”运行一周到“服务公关”，你会发现这是一个漂亮的五角星。

或者，你可能会在中间积压成一堆，更糟的是，你甚至会以一个“反向五角星”来结束这个测试，因为你的分数都集中在底部！如果是这样的话，你也别担心。这是你第一次来做这个测试，而且还有我来帮你提高和改进。

接下来，书中有许多想法和理念，可以帮助你甩掉这些“懒肉”，成为五星级服务的明星。

这是一个好消息。让我们在五个月内把你的星星打造得锐利闪亮。

目标——完美的服务之星

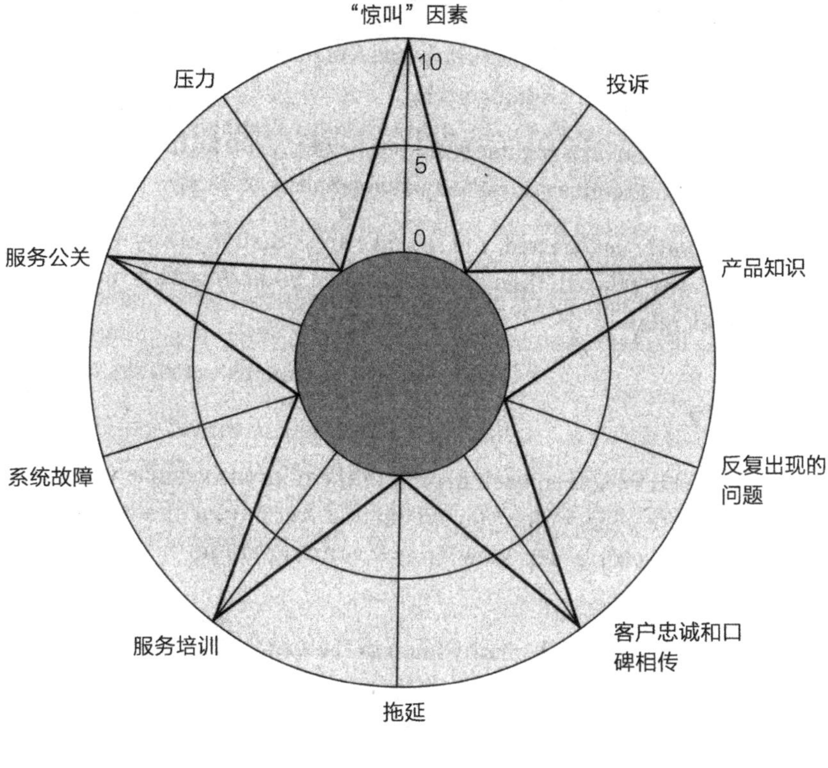

第一次测试的典型状况

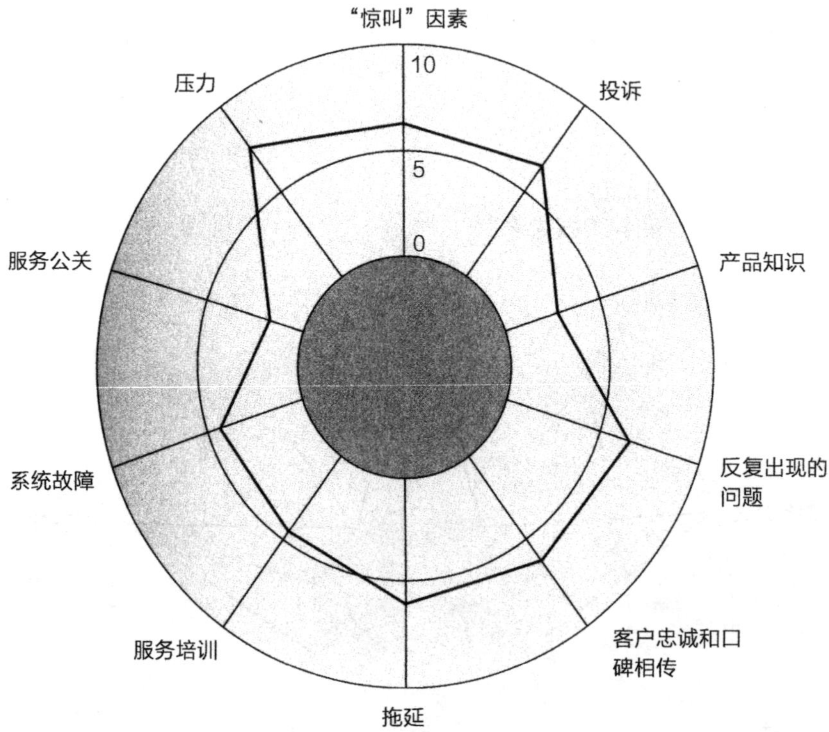

1

第1章

服务心理学

思考非常重要。在你采取正确的行动之前，首先要好好地思考本章提到的问题，会有事半功倍的效果。

诀窍 2

忠诚度 3.0

1988 年，杰弗里 · 吉特默（Jeffrey Gitomer）出版了他的书《客户满意一钱不值，客户忠诚才是无价之宝》（*Customer Satisfaction is Worthless, Customer Loyalty is Priceless*）。我还记得当时一边读这本书，一边想忠诚的顾客是多么重要，为什么那么多的机构都没有得到它。

在这本书的第一页，他就提出了一个问题："你是希望拥有 1000 个满意的客户还是 1000 个忠诚的客户？"

很明显，我当然是希望两者兼有。但如果一定要去选择的话，我会去选择忠诚的客户。忠诚的顾客不仅消费更多，而且还是你最坚强的拥护者，甚至在事情出错时原谅你。

最近，几乎每个人都在谈论忠诚度。但是我们所面临的挑战是：忠诚度的参数已经在悄然改变。

改变由此开始。

忠诚度 1.0

核心信念：说到就要做到。这并不是一个太高的要求，但是当你周围的人都背弃自己的承诺时，这就是一个很完美的起点。

接着，我们进入下一步。

忠诚度 2.0

核心信念：我们要做你想让我们做的事。成为一个客户驱动型的机构是非常困难的，尤其是一些客户真的不知道他们想要什么。这就是为什么一些机构在建设忠诚度 2.0 的过程中，要与客户有更多的交流，要更好地向客户提问，并定期保持与客户的直接接触。

现在，你的客户会进一步要求。

忠诚度 3.0

服务基因（DNA）：我们不但要做你想要的，而且我们还要尽可能做得比任何人都好。我们会在服务中添加新的维度和体验，这是你无法想象的。

通过不断提升你的服务水平，使之超出客户认为理应获得的需求，并提供超出客户需求之外的服务，这样你就可以创建一个更高层次的忠诚度。如果忠诚度是一个软件包的话，那这将是忠诚度 3.0 版本。

你仍然可以在公司里运行忠诚度 1.0 和 2.0 版本，而且我相信你也会有收获。但为什么不直接安装 3.0 版本，真正让你的忠诚度有个飞跃呢？

很显然，安装忠诚度 3.0 版本比一般的软件下载和重新启动要复杂一点。但软件升级和安装忠诚度 3.0 版本在基本原理上是相同的。

我曾经问过计算机维护部门的同事："在安装新软件时什么条件最重要？"他们说："计算机的性能最重要。"因为，新软件总是要占用更多的空间，需要计算机拥有更多的处理能力。

如果你从忠诚度1.0版本切换到2.0版本，或者从2.0版本提升到3.0版本，其中的道理是一样的。

如果你没有能力来实现它，安装忠诚度3.0版本对你来说就是毫无意义的。

接下来要做的就是清理。显然，您可以从计算机中删除那些长期未使用和不需要的文件。我说"显然"，是因为我倾向于保留一切文件。我们有一个聪明的计算机维护技术员，这家伙在保留工作所需的系统环境之外，删除了许多不需要的文件和功能，确保系统的平稳运行，以避免系统故障。

提升到忠诚度3.0版本也需要进行大量的淘汰。淘汰的对象可能是人、系统、小册子、设备、交流方式等，最重要的还是坏习惯和过时的惯例。

但忠诚度3.0版本不是一个终结性产品。你使用得越多，你就越需要不断给它打补丁和升级。下一代产品将会是忠诚度3.1版本。新的版本很快就会出现，而且在你知道它之前，你的客户已经变得非常习惯这种新的工作方式了，你又会去寻找下一个配置。

忠诚度4.0版本也即将面世。

诀窍 3
让他们感受到明星般的待遇

设想一下，你是一名律师。你有两个合伙人和四个同事。你们在一起共事感觉很愉快，你们的办公室在商业大街上的高档写字楼里，你们拥有稳定的客户。

一个星期三早晨，天下着雨，你留意到今天和克雷格先生有个商务会谈。他约定好上午 10 点 30 分来办公室，想谈一桩公司转让的事情。

太无聊了。

这时你的助手到办公室门口，很兴奋地说，“克雷格先生已经到了，他要见你。”

你漫不经心地说，“请他进来吧。”

当他走进办公室的时候，你发现这可不是一个普通的克雷格先生。他是名声显赫的丹尼尔 · 克雷格（Daniel Craig）先生。

没错，大名鼎鼎的詹姆士 · 邦德先生刚刚走进了你的办公室。

他打算在这条大街上买一间房子，他厌倦了那些城里的“敲竹杠律师”，所以他希望能在当地找个律师，希望你能帮上忙。

“克雷格先生，你要喝点什么吗？咖啡还是茶？”你说。

“好的，谢谢，你有洋甘菊汁吗？”他问道。

你没有洋甘菊汁。但是办公室楼下50米远的地方就有一家小超市，派人跑过去买回来也不是问题。说实话，如果他要一杯伏特加马蒂尼，而且是要摇匀的，不要搅拌的，你也会亲自去做。

“好的，克雷格先生。”

请老实回答。如果这事发生在你身上，克雷格先生还能够实实在在地得到同样水平的服务吗？这是你正常的服务水平，还是你特意为007先生开的先例呢？

去年，我们为200名来自米切尔斯与巴特勒公司（Mitchells and Butlers）的经理做了一个“五星级服务日”的活动。这是我们当年最受欢迎的活动之一，主要是因为热情的观众们都在为五星级服务的学习和应用而积极付出。

就在午饭前，我们正在探讨情感银行账户以及酒吧如何获得情感“存款”。苏菲・约翰逊（Sophie Johnson）是一个热情的业务经理。她说：“我们应该让客人感受到明星般的待遇。”她确实完美地抓住了五星级服务的本质。

太棒了！

即使你极为普通，也能感受到明星般的待遇。

若我们很幸运地拥有一些很有名的朋友，一般你会称他们为明星。当我们和明星朋友一起出去的时候。服务似乎就提升到了一个新水平；服务人员的笑容多了，也更加主动了，而且服务氛围也很令人兴奋。

我们还有许多不出名的朋友。当我们和这些朋友出去的时候，一切照常。服务水平也保持不变，服务人员也只是偶尔微笑，也不主动，更谈不上什么令人兴奋的服务氛围。

当索菲建议我们开始让顾客感受到明星般的待遇时，她一针见血地指出了五星级服务的真谛。如果你还没有抓住要点，我告诉你，关键词在于“感受”。

我们来一个这样的头脑风暴，怎么样？

我们要如何做，才能让我们的客户感受到明星般的待遇呢

你的头脑风暴可以从这些标题开始，首先是“我们应该做的”，然后是“我们可以做的”，最后是“我们会做的”。

记住，不要给我任何像“我们已经做过的”这样的噱头。

即使你已经拥有知名的客户，或者你已经像对待明星那样对待你的所有客户，你仍然需要把服务提高到一个新的水平。如果你的服务还未给人留下深刻印象，那么就请像对待一个体育明星、一个世界的领导者或诺贝尔奖获得者那样去对待你的客户。

这一周里，你试着让你的客户感受到明星般的待遇。我敢保证，你周围的一切都会有所改变。

诀窍 4

信任我

每当有人对我说“相信我”时，我都会很自然地反问他们：“凭什么？”

信任不是自己邀得的，而是别人给予的。

辉煌自行车（brilliantbikes.co.uk）在自行车服务领域是当之无愧的国王。他们的创始人安德鲁 · 佩奇（Andrew Page）在开展业务之初，就给自己确定了一个目标，就是要成为世界上服务最好的自行车店。

这是一个雄心勃勃的目标，但是1000多位五星级评审员在审核他的服务之后，一致认为他确实做到了。我非常想知道为什么他能够做到，而别人却不行。

带着这个问题，我追着他来到了瑞典的马尔默（为什么来到马尔默是另外一个故事了）。在那里，他与我快乐地分享了很多案例，告诉我他是如何与他的客户建立信任的，以及他的一个关键性供应商是如何赢得他的信任的。

虽然安德鲁的大部分业务是在线的，但是他在萨里的乔巴姆拥有一家小商店。他在那里为客户提供修理服务，或者提供自行车零部件，并且允许客户在“下一次经过”的时候付款。正是这家小小的商店建立了那些大商场无法匹敌的客户联系。

但真正让我印象深刻的是他如何提升服务水平和档次的。从提早开门营业为那些居住在外地的客户服务，到在圣诞平安夜为那些骑车回家的人修理自行车，他总是这样坚持着。

那位在圣诞平安夜来修车的顾客很幸运地被安德鲁的妻子接走，送回了家——他的家离安德鲁的小店还有 50 英里。辉煌自行车分文不取，坚持不要他付钱，而是把这当作提早送给他的圣诞礼物。

安德鲁遇到的一个挑战是在邮寄服务上。随着生意的日益兴旺，他的邮寄包裹服务开始出现延迟。他下决心要履行他关于“免费一流邮递服务”的承诺，但随着订单的陆续到来，邮寄的时间也不得不相应地增加了。当地的邮政局长获得了安德鲁的信任。

他的想法很简单。就是安德鲁先在邮局预留下一笔邮费，然后放下要邮寄的包裹，在不是那么忙的时候，邮局会给包裹称重，保证让这些包裹在同一天发出。

非常完美。当没有足够的钱来支付邮费的时候，你会怎么想呢？是的，邮政局长信守承诺，他们会在第二天再把账结清。

必须赢得别人的信任。

我可以信任你吗？

五招让你赢得和建立信任

1. 从不要求别人信任你。

2. 要在客户的情感银行账户里投资。

3. 在付款上信任别人。你可能会被坑了一两次，但在大多数情况下，这是值得的。

4. 不要判断。对客户来说重要的东西对你来说也许并不重要。但现在他们认为自己是世界上最重要的人，如果你能让他们有这样的感觉，你无疑会赢得他们的信任和忠诚。

5. 坚持去做你承诺要做的事情，没有任何例外、借口或解释。

诀窍 5 建立第一印象的机会只有一次

许多女人关注男人的第一件事就是看他们的鞋子。你很快就会理解为什么那么多的男人愿意花那么多的时间把鞋擦得锃亮了。我知道女人会因为你脚上穿着一双脏鞋子而不愿与你共进晚餐，拒绝与你一起购物，不会与你一起去剧院欣赏歌剧。

大多数男人关注女人的第一件事是她是否有微笑。男人一般都会爱上一个喜欢微笑的女人。这不是一种性方面的吸引，而是一种交流的需要。大多数男人可能从不会观察女人的鞋子，但是他们总是在寻找微笑。

这并不意味着男人就不需要微笑，女人就可以穿脏鞋子。微笑是你能给别人留下良好印象的最重要的方式之一，也是最简单的方式。

在鞋子和微笑之后，在我们张开嘴之前，我们还会给别人留下一系列的其他印象。

提姆 · 普莱斯（Tim Price）创立了 Executel 公司，这是一家非常成功的电信公司。他喜欢和销售人员见面（不要马上给他打电话），发现大多数人给他的第一印象都很差。以下是提姆 · 普莱斯通过自己的观察，提出来的销售员自我形象的五大忌讳。

1. **穿着周末晚上舞会的衣服去上班。**他认为，你不应该试图把工作变成一种时尚。提姆指出，你可以花一点钱买一件花哨点的衬衫，好让你在晚上的舞池中显得非常光彩照人，但是，在工作中，最理想的衬衫还是那种完全正式的工作装。如果你不给别人任何反感你的理由，那么他们也就没有理由会反感你。

2. **穿着彩色的袜子。**提姆给我讲了一个故事，让我笑得肚子都疼。一个号称“大人物”的销售经理来见他，说要谈一笔大生意。可刚谈了几分钟，这位大人物就翘二郎腿，露出荷马·辛普森音乐的袜子。这太经典了。

3. **在头上喷发胶或过多的定型剂。**这与我们在上面提到的周末舞会装和工作装的问题是一样的（年轻人通常最容易犯这样的错误）。

4. **不雅的姿势。**没精打采的，歪向一边，把胳膊撑在桌子上，这些不雅

的姿势都会让提姆（也许许多人都会）感到厌恶。

5. 口臭或体味。这是一个很明显的常识，一包薄荷糖，经常做好个人清洁，用一些香水和除臭剂可以让你的职业生涯走得更远。

另外，我还要再加上三件不要做的事情，它们都可以把你们给我留下的第一印象变成一道道伤疤刻在我的脑海中。

1. 一个软弱无力的（或湿滑的）握手。一个结实有力的握手是必不可少的。他们应该在学校里就教会你们这些礼节。

2. 迟到。

3. 冷场。

行动起来

你认为在给人们留下第一印象时应该做什么或不该做什么？分别写下 10 个应该做与不该做的行为，然后参照这个列表去做。

诀窍 6
忘掉例外

我一直想去体验一下格伦伊格尔斯酒店（Gleneagles Hotel）的服务。这家酒店被称为坐落在佩斯郡的天堂。为此，我等待了整整 47 年。最后我有机会前往这家酒店，是因为我决定接受伯纳德 · 墨菲（Bernard Murphy）这位重量级人物的热情邀请，尽管并没有迹象表明他会一直和我待在一起。

伯纳德是格伦伊格尔斯酒店的总经理，在服务领域上极具武士精神。我知道他一定会给我讲一些精彩的故事，然后我可以写出来，在客户服务的世界里激起一片惊叹。

品完一杯咖啡之后，他开诚布公地向我坦承经营这样一个标志性的酒店物业时所面临的挑战。然后，他用惊人的真相深深打动了我。

我和他讨论了莱德杯高尔夫球赛（Ryder Cup）。对于像我这样的非专业球手来说，这是欧洲各国可以与美国职业联赛相媲美的最好的比赛了。

这似乎是一笔大买卖。

我知道这是一个盛大的全球性赛事，拥有数百万电视观众。但对我来说，它仍然看起来像是一群人用球棒把小白球往地上的小孔里打的游戏。

长久以来，格伦伊格尔斯酒店一直有举办一场莱德杯的雄心，2014 年他们实现了这一目标。

我肯定地说："那你一定是全身心地投入到莱德杯的活动中去了。"

来自墨菲先生的回答却出人意料："其实并没有。"

他这样解释道："如果过多地关注莱德杯，而忽视了你的日常工作，这是一个极大的危险。"

这只是一个暂时的关注点。

为了举办这场全球性的赛事，你为之奋斗了 20 多年。但是，你仍然要求你的团队在日常业务中加倍努力，而不是更多地关注这场赛事。

举办特别活动，获得奖项，获得社会好评，获得 VIP 客户，这些都很有吸引力。但是，只有关注日常服务才是最容易提高服务水平的核心内容。

史米斯夫人每年都会带着她的家人来格伦伊格尔斯酒店度过三天愉快的假期，但她也许并不会在意下周罗里 · 麦克罗伊（Rory McIlroy）和泰格 · 伍兹（Tiger Woods）的比赛。

如果她很满意我们的服务，她明年还会来。她会一年接着一年地光顾。她的家人也会来我们的酒店。

但是莱德杯比赛并不会每年都有。

简单地说，我们很多人在追求某种更令人兴奋的东西的时候，往往会把顾客的价值抛在脑后了。

日常的核心业务可能并不那么令人兴奋，但是合格与优秀的最大区别就在于此。

这是一个挑战。拿起笔写下你与客户的五大日常交流活动。从你接听电话的方式到你说再见的方式，从你的电子邮件风格到你收款的方式，都要好好的检查，直到你找到自己与客户的五大日常交流活动才行。

现在，我们或许要问到底是什么让他们如此优秀？不仅仅是今天或明天，而是日复一日，周复一周，年复一年地始终保持优秀。

诀窍 7 大买家正盯着你

我不知道你是不是这样，有时候我会情不自禁地在旁边偷听别人的谈话。我喜欢在火车上听别人交谈。我经常在餐厅、商店和宾馆等不同场合听别人的交谈，甚至为之着迷。我最喜欢的是在旁边默默地听两名工作人员谈论他们的公司。你会不会也是这样呢？

你可能声称永远不会做这样的事情，你会尊重别人的隐私。说出这个答案是非常容易的事，但是，你能否诚实地告诉我，如果你在一家商店里，听到两名员工在批评他们的公司，你会不会驻足留意？然后再决定是否要用自己辛苦赚来的钱在这样一家店里消费呢？

是的，大买家正在观察你，打听和了解关于你的信息。

眼不见，心不烦？客户总是喜欢多管闲事的；他们喜欢了解一切而且迫不及待地给你挑毛病。一个肮脏的库房或杂乱无章的办公室都会瞬间激发客户的疑心。

你只有一次机会给人留下第一印象。

我还记得，在我刚开始创业的时候，除了一腔激情外，一无所有。我甚至不得不借一辆旧车（还没有刹车）去赴约。在第一周的生意中，我设定了20个新客户的目标。我赶到了平生第一个客户的办公室拜访他。我向他们推销，承诺能让他们取得成功，并详细解释了我的商业计划。

会议结束后，当我回到车上（那辆没有刹车的车）时，我抬头看了看办公室的窗户，惊恐地发现刚才与我会谈的那个人正从窗户里向外张望。透过一个充满讥讽的微笑，他指着我借来的这辆破车，做出了一个“好车”的口型。

大家可以想象一下当时我的尴尬场景。前一分钟，我还生龙活虎地吹嘘可以让他们更加成功，几分钟后，竟然发现自己却是如此落魄！要知道，大买家正在盯着你。

在你的业务领域里，如果有些地方不希望让客户看到，那就要去改变它。努力创造一个可以让你引以为豪的环境。

客户也在倾听。如果你的员工在自顾自地聊天而不是去处理客户的需求，客户肯定会觉得这很粗鲁和无礼。要记住，大买家也正在倾听。

而且，客户还可以通过博客、评论网站、即时消息、社交媒体等方式轻而易举地获得信息。你不可能阻止他们，但是可以从中学习。

当你看到别人在网上评论你的机构而感到尴尬时，你会做什么呢？当事情发展到失去控制时，这又是谁的错呢？

当你要乘一家航空公司的飞机出行，却在谷歌搜索到这家公司的员工夜间酗酒的新闻时，你还敢登机吗？要是我，也会三思而后行。

你的客户在盯着你。盯得比你想象的更紧。你们的谈话会被偷偷听到，你们在Facebook网上的图片也会被搜索到，你的“秘密”也都变成了公开的新闻。

但这并不都是坏消息。因为客户比以往任何时候都更精明，因此你可以改进很多方面，以显示对客户的关心。

用谷歌搜索你的公司名称，关注“客户服务”或投诉；对公司的客户服务进行认真的梳理，看看人们真正关心的是什么。

检查你的“员工专用区”。你会乐意让你的客户看到这里吗？如果你有一个厨房，你会自豪地向客户展示出来吗？

如果你的员工要谈论公司的事情，那要确保他们谈论的是正面的消息。你希望你的客户听到什么呢？

如果你在网上得到了负面的反馈，不要隐瞒，而是要积极回应它。

诀窍 8

99% 的人是好人

那么请不要把我当成那剩下的 1%。

在这里我举一个买衣服的例子。逛商店买衣服可不是我喜欢的消遣方式：事实上，我是一个喜欢一次性买够我一年中所有衣服的人。没有什么能比找到一件合身、看起来不错的衣服更让我高兴的了，那就干脆买一件黑色、蓝色、灰色或者其他六种颜色相间的一模一样的衣服。

最近，我去过一家非常有名的商店购物。我挑选了一大堆衣服想试穿，于是就到了试衣室。在试衣室门口，一位非常有效率的员工告诉我："你最多只能携带 5 件衣物进试衣室。"当然，我为了买衣过冬，拿的衣服肯定是超过了他们最高规定的 4 倍。我不想为了拿衣服来回跑好几趟。于是，我不得不问这位店员："这是为什么呢？"

她强调："这是安全措施。"

"哦，对不起，但我不觉得拿 5 件衣服进试衣室会更安全。"我尝试着用幽默来反驳她。

“不，先生，这是商店的安全措施——用来减少盗窃行为。”

此时，她根本不知道我的潜意识已经联想到：“你说谁是贼呢？”我的潜意识在说：“我希望她不要认为我看起来像个小偷！”但是，我的嘴里还是脱口而出：“好！那一次就拿 5 件吧。”

但是，这已经伤害到我的感情了。

我已无法正常地试穿衣服。在试衣室，我感觉非常不舒服，感觉自己就像一个小偷，我一直在照镜子觉得我是不是应该试着戴上一个滑雪面罩或把一双裤袜套在我的头上。

你猜对了，我什么衣服也没有买。在我试完 5 件衣服后，我再也无法忍受下去，趁着她开小差的时候，我就跑出去了。我现在对这家让我感到难堪的商店没有一丝好感，最近看到一篇新闻报道，说这家店在商场竞争中受到了很大的冲击。

简而言之。我恨小偷。但是，我讨厌的是，我在努力工作赚钱，我按章缴纳收入税，在购买产品的时候我又缴了税，我在柜台前排队，我如此遵纪守法，而其他人却只是谈论那些不劳而获的东西。我相信你也有与我同样的感受。

所以，请不要让我感觉到，在你的心中有丝毫的怀疑，认为我也是他们中的一个！

作为一名客户，我想得到别人的信任。信任是人们之间的一种深层次的情感交流。当我被信任的时候，我会感觉很好；当我感觉很好的时候，我就会买东西；当我会买东西的时候，我们可以打赌，其他人也会买东西。

这里有一些其他机构信任客户的案例：

自助结账机。我知道，这种机器很便宜，如果你使用过它们，你就会知道，你通常会很仔细地去扫描你挑选的物品，来确保你挑选的物品是对的，然后再付钱。

当你结账的时候发现少带了一些零钱，店里的员工会让你下次来购物的时候再补给他。我敢打赌，你肯定会因为这种信任而记住把这些钱还给他。

要是在你工作的地方，按照“公司的政策”“不允许把 5 件以上的衣服带进试衣室”，那么在本章开头提到的那位女士又该如何用五星级服务的方式来处理这种情况呢？

试想一下，如果我向她走去的时候，她从桌子后面走出来，说：“来，让我帮你拿着衣服。”然后把一些衣服从我手里拿走。如果她再加上一句，“你挑的这些衣服真好看，我来给你找一间试衣室。嗯，先生，我们的试衣室空间不是很大，我建议你一次拿带四五件衣服进去，我会帮你看着余下的衣服。如果你想换件衣服，只要喊我一声，我就会把衣服递给你。”

如果是这样，我肯定会买很多衣服。

我不想被当作那百分之一。我认为，这在零售业是一个挑战，就是如何防止人偷你的东西。但是，如果你不相信我，肯定会在我心里造成情感阴影，让我感到不开心。不开心的人是不会买什么东西的。不开心的人也会向朋友和其他愿意倾听的人诉说他们的问题（你可能也会是其中一员）。不开心的人真的不会买什么东西。不开心的人还会让你的店铺看起来令人沮丧。哦，是这样的，只是你不一定能看出来。

不开心的人很少会买东西。

所以，我下次去你那里买东西时，“你要相信我，因为我是一个客户！”

行动起来

问自己这三个问题：

1. 你有没有说过“这是公司的政策”这句话？

2. 如果不这样说，你会怎么说？

3. 你是否遇到过这样的问题，就是在你防范坏人的时候会给好的客户造成伤害？

诀窍9 三大有用的习惯

我们在1000名顾客中进行了一项调查，询问他们，需要什么条件他们才会将一个机构推荐给他们的朋友或家人。其中有一个问题特别问到了作为员工个人必须要做到什么。列于前三名的答案如下：

1. 兑现承诺。

2. 准时。

3. 总是说“请”和“谢谢”。

对于第一项，我一点也不感到惊讶。如果你兑现了承诺，那真是一种无与伦比的感觉。所有的一切都在你掌控之中。我还记得一位老上司曾经说过：“我们必须信守承诺，履行诺言。”

岁月如水，往日已逝。现在，你必须完全信守承诺、履行诺言。

简单来说，就是去做你承诺要做的事情。人们可以找到一万个很好的理由去推卸责任，他们会说：“为什么要有那些莫须有的事情呢？”我们会归咎于供应商，我们会归咎于技术，我们会归咎于同事，我们会归咎于外部势力和内部政治。但是到最后，如果我们要创造五星级服务，我们就必须承担起责任，鼓起勇气把事情做好。这就是为什么如果你自己买了这本书或者别人给了你这本书，你要问自己："我能从书中得到什么，我怎样才能改变我的机构？"通过这样去做，你将会持之以恒地提供五星级服务。

"准时"这一项提醒我们，如果我们承诺在某个时间要做什么事情，我们就应该按时做到。

我们总是把自己太忙了作为用来搪塞不准时的一个很好的借口。实际上，正是因为人们比以往任何时候都忙，所以我们才更要准时。

我的朋友杰瑞米·泰勒（Jeremy Taylor）使用他自己创造的"杰斯时间表"这一方法来管理他的生活。他生意做得很成功，也是一个非常忙碌的家伙，但他总是能准时赴约和参加每一次会议。他明白，现在道路是比以前更堵，很多事情也需要更长的时间去安排。如果他能很好地安排一天的时间，就能做更多的事情，然后回家去陪伴亲爱的家人。

他是这样做的。如果他 10 点钟有一个约会，那么他会在 9 点多钟就赶到那儿。他宁愿坐在外面花 20 分钟来阅读他的笔记和提前 10 分钟步行到达，也不愿意为迟到 10 分钟而道歉，并抱怨"路上太堵""找不到停车位""前一个会议超时了"。因此，杰瑞米得到了很多人的推荐。

第三项具有借鉴意义的习惯更令人费解，因为它是从调查中得出来的一个非常具体的要点。不仅仅是说要有礼貌，实际上是指出你的一言一行。当我读这篇文章的时候，我开始在心中默记我说“请”和“谢谢”的次数，并且要求我的团队和家人在我忘记说的时候给我指出来，结果让我震惊。我一向认为自己是一个非常有礼貌的人，但只有当你停下来，关注你自己的行为和疏忽的时候，你才会意识到有多少次你忘了说那些简单的话。

我们来完成一个挑战。在接下来的 48 个小时里，当你和任何人在一起的时候，你要记住自己说了多少次“请”和“谢谢”，或者多少次你忘记说了。你可能希望像我之前做过的那样，当你忘记说的时候，请你身边的一些关键的人（朋友、家人、同事）给你指出来。

事情总是积少成多，量变引发质变。在论述“惊叹于细节”的章节中我们还要学到更多有关这方面的案例。

行动起来

做出承诺并履行诺言。认真负责（反应能力）。如果你承诺要做什么事情，你一定要确保把事情做好。

按照“杰斯时间表”来安排工作，早点到达那里。如果你能够早点到达，你就会有很多额外的时间来做很多事情。否则，迟到的你可能会浪费半个小时的宝贵时间。

当你忘记说“请”或“谢谢”的时候，请你的朋友和同事（礼貌地）指出来。当然，你一定要真诚地说出来。

2

第 2 章

情感工程

与你的客户建立一种感情联系，从长远来看，这比任何促销和免费小礼物都更牢靠，而且更加经济有效。

诀窍 10

情感账户

我相信你肯定有一个银行账户，当账户额度充足的时候，你一定会感觉很好；当账户额度透支的时候，你就会更多地关注它。同样，你也有一个情感银行账户在以类似的方式运作着。当你收到了很多情感存款时，你会感觉很棒；但是当你经历了太多的情感提款时，感觉就不会那么好了。

你的客户也有情感银行账户。当你在里面积累了很多存款时，他们就会感觉很好，有很好的理由去记住你，并推荐你。当你透支了这个情感账户，而且你也不会出现在他们的圣诞卡名单上时，你肯定不会拥有他们的忠诚度。

我们面临的最大挑战是，我们总是回过头来试图提供良好的服务来“让我们摆脱债务”。到了那个时候就为时已晚了。其中的秘诀在于要先创造大量的或多或少的小存款，这样当你不得不取款的时候，就不会很快进入赤字状态。

这里有一个很好的例子，可以反映出当你乘坐廉价航空去旅行的时候，情感银行账户是如何在你身上起作用的。

你预订了廉价航班，省下了一笔钱	存款
排很短的队，办理登机手续也很愉快	存款
被告知行李超重两公斤，需要额外付费	取款
安检的队伍也很短，也很顺利	存款
预计航班准时起飞	大额存款
开始登机，场面就像西班牙斗牛似的混乱	取款
登机，受到礼貌而热烈的欢迎	存款
刚坐下，就被告知因为机械设备故障，必须坐在座位上等待机械师检修之后才能起飞，大概需要晚两个小时起飞	取款

在你的这次飞行体验的前半程，航空公司的员工对你的服务态度的好坏，将会极大地影响到你会如何对待接下来两个小时等待的心情。我们可能都会遇到这样的客户，他们愿意付出一切努力来维护这个机构的声誉。为什么会这样呢？一般来说，是因为这个机构在他们的情感银行账户拥有足够多的存款，他们才会竭力维护它。

你自己可能也是这样。你是否去过一家餐厅，吃了一顿非常美味的饭，然后你就一次又一次地再去呢？后来，有一天晚上，你又去吃饭，可是服务没有像以往那么好，饭菜也没有那么高标准，那么你会不会觉得有点失望呢？我敢打赌你会开始维护这家餐厅，尤其是在有朋友在的场合下，你会为之解释："这里通常不是这样的，也许他们的厨师或者服务员换了。"或者"我希望一切都好。我刚才发现领班朱利安今晚不在。下次他在的时候我们再来预订吧。"

那天晚上，这家餐厅从你的情感银行账户上取了一些钱，但因为之前它在账户里存了很多钱，所以你还会再去的。事实上，当有人问你关于餐馆的情况，问那里是不是一个吃饭的好地方的时候，你会在你的头脑里完全清空那些不好的体验，告诉他们你以前品尝到的美味饭菜和你的朋友朱利安提供的周到服务。

然而，如果你再去两三次仍然得到的是糟糕的服务、低品位的食物和极差的性价比，那么这家餐厅就会在你的情感银行账户里不停地大额取款，这显然会留下负面影响，它也不可能在账户里取到更多的钱了。到了那个时候，就真的为时已晚了。就算朱利安来敲你的门，求你回去，你也不会愿意再去光顾了。

惊叹于细节

你不能把太多的存款存入别人的情感银行账户。谁知道，你哪一天可能需要来取款。

从里到外，全方位地为客户着想。你知道他们的情感银行账户里的余额还有多少？是时候存款了吗？

行动起来

做好这五件事，马上开始在情感银行账户里存款。

1. 把快乐挂在脸上。要想在别人的情感银行账户里存款或取款，快乐的表情是一个最简单却又最有效的方法。

2. 兑现承诺。这是三大有用的习惯之一，但是许多人都没有做到。

3. 不要责怪顾客。如果客户知道他们错了，而且你克制住了责怪他们的冲动，那么你就在他们的情感银行账户里获得了双倍的存款。

4. 认真倾听。如果你切实认真倾听，而且不断思考客户说的话，那么你会得到一些快速存款。为什么呢？因为很多人不喜欢倾听，但是又有很多人希望自己的话被别人听到。

5. 真诚待客。

诀窍 11
令人惊叹的细节

我们常常认为，真正照顾顾客的最好方法就是让顾客满意。在这本书中，你会发现除了让客户满意的职责之外，我们还需要学到许多其他东西。

然而，有些事情虽然很细碎，但是你必须要始终如一地去做，勿以善小而不为。我们称它们为“令人惊叹的细节”（或者叫迷你惊叹）。尽管还有很长的路要走，“令人惊叹的细节”却是一个最简单的理念，可以极大地改善客户对你的看法。一次做一件“令人惊叹的细节”是值得称赞的，这也会有助于保持客户的忠诚度，但把这些“令人惊叹的细节”集中在一起，你就会开创一个非常独特的事业，而你的竞争对手却很难复制。

下面的 20 个“令人惊叹的细节”会激发你的思考。你要做的是找到另外的 20 个“令人惊叹的细节”。

1. 不要指责。
2. 坚实有力的握手。
3. 认真倾听。
4. 请把门敞开。

5. 在邮件的开头用敬称。
6. 微笑。
7. 称呼别人的名字。
8. 雷厉风行。
9. 记笔记。
10. 说“请”和“谢谢”。
11. 积极向上。
12. 注意你的呼吸。
13. 提供点心。
14. 保持空气清新。
15. 让笔书写流利。
16. 手写签名。
17. 按照客户的意愿交货。
18. 要建立眼神的接触。
19. 实话实说。
20. 按照你所承诺的去做。

是的，它们只不过是一些微不足道的细碎小事，但是却非常地重要。下一次你自己作为一名客户，去体验一下别人在做这些“令人惊叹的细节”的时候，你是什么样的感受？你又是如何去看待它们的？

“令人惊叹的细节”会让你更专注于细节。

运用“令人惊叹的细节”还有一个额外的好处。人们（朋友、家人、同事，几乎所有的人）都会更喜欢你。当人们喜欢你，你就能得到更好的机会，你晋升得也更快（通常也会有加薪）。你得到了好处，就不会再怀疑，也就更容易遵循这个法则了。

"令人惊叹的细节"真的很有用。

诀窍 12

名字的奥秘

这是最重要的。

如果在交流的过程中，你坚持称呼别人的名字，而且真正关心这个人，那么你可以得到意想不到的回报。你肯定不会对自己的名字感到厌烦。

在下面的案例中，针对我提的问题，这两个回答对任何人都适用，接我电话的人可以称呼我“迈克尔”，也可以叫我“赫佩尔先生”。

“你好，我是迈克尔 · 赫佩尔。我打电话来问一下我的鞋子什么时候能修好？”

“稍等，我看一下。鞋子还需要三天时间才能修好，可以吗？您还有什么事情需要我的帮助？”

或者，

“你好。赫佩尔先生，非常感谢您的来电。我称呼您迈克尔，您不介意吧？我马上给你看一下。迈克尔，我看鞋子大概还需要三天时间才能修好，可以吗？您还有什么事情需要我的帮助？”

你几乎在每句话里都可以提到一个人的名字，但是不要过于频繁。另外，当你使用别人名字的时候，你一定会记住这个名字。被别人记住名字，这种感觉真的很棒。

但是，有时候你不需要说，你只需要写出来，那又是什么样的情况呢？我总是把我的姓氏拼写错误。我经常会写成 Heppel，Hepple，Heppal，甚至写成 Apple。每当有人问“赫佩尔先生，您的姓氏怎么拼写”然后再一个字母一个字母地读给我听时，我总会觉得这很有趣。

我们生活在一个多元文化的社会。在我们日常使用的词汇中，我们正在经历一波新名称和拼写的浪潮。大多数人不会介意你问他们的名字如何发音或如何拼写。如果我第一次听到一个新名字，我会问：“这个名字是从哪里来的？”“这是什么意思？”相信我，如果有人想知道他们名字的含义，他们一定很愿意告诉你。

如果碰巧有人不愿意告诉你他们的名字，那么你的任务就是找出他们的名字。我有意识地下工夫去找出个人助理的名字，我是真正对他们感兴趣才会这么努力去做的。

有人会觉得这很虚伪。所以如果你不是真正感兴趣，就不要假装——否则，你迟早会被发现。

下面是一个典型的电话。“你好，温迪。你今天怎么样？还像以前一样忙吗？”然后，当我得到答复，我就用到他们的名字了。“温迪，我在想，是否有可能在下周早些时候和苏约个时间见面？我知道她很忙，温迪，但是如果有人能给我半小时，那一定就是你了。”

当我自己在寻求五星级服务时，我总是有意识地使用名字。我知道人们对待朋友比对待陌生人好，而且我们倾向于用名字来称呼我们的朋友。

我不知道你是不是这样，反正我是喜欢去参加这样的活动，参加活动的每个人都会在胸前贴上自己名字的徽章。然而，我仍然非常惊讶，很多人还是不称呼那些与他们交谈的人的名字。你甚至不需要有一个好的记忆力，你只要扫一眼，就可以知道别人的名字，然后就能使用它。这是多么容易啊。

许多公司经常在网上公布他们的人员名单，上面列出了你想与之交谈的所有人的名字。所以当你打电话的时候，你可以直接问别人的名字。直接通过名字找到你想要找的人，这比通过对方头衔和部门来找要强大得多。

没有比听到自己的名字更为亲切的声音了。所以，要经常称呼别人的名字。

行动起来

有两个简单的办法可以让你了解和记住初次见面的人的名字。

1. 重复记忆。在最初的几分钟内重复他们的名字，至少三次。重复三遍，大约有60% 的概率能记住。同时，在你的脑子里默念几遍，也会帮助你记忆。

2. 利用视觉图像来帮助记忆。创建一个视觉图像，把他们的名字与外表突出的部分联系起来。越稀奇古怪越好，就像你喜欢的色彩、幽默和不同寻常的东西。举例来说，如果你遇到一个叫彼得 · 格林（Peter Green）的人，他穿着一件大外套，你可以把他想象成一个绿色“豌豆”，在他的外套上撕开了一个口子。我知道这很古怪，但是我敢打赌，当你读完这本书，这个人的名字给你留下的印象肯定比书中提到的其他人的名字更深刻。

惊叹于细节

找出 10 个最流行的名字的含义，并在谈话中使用这些知识。如果你经常打电话的话，就把这些内容写下来，放在手边。这绝对是一个好主意。

诀窍 13
客户的美好时光

客户需要保有他们的美好时光。

也许你会觉得这没什么大不了的，但是它对客户来说可能是非常重要的。你虽然不能决定它有多么重要，但是你可以决定你会给予它多少关注。

我正在一家价格昂贵的伦敦酒店里等着会见一位客户，这时一位美国女士从前门走过来，滔滔不绝地谈论着她的新发现。她抓住大门口的迎宾员，然后告诉他自己如何因拐错了弯而酿成一个偶然的错误。下面是我听到的故事。

“你能相信吗？在回旅馆的路上，我拐错了弯，结果走到路的尽头，发现无路可走了。”

迎宾员毫不掩饰地尖叫起来，说道：“这根本不可能，你不可能在伦敦中区找不到路。”

那位客人继续说，“但是我很高兴我迷路了，因为我发现了一个神奇的小公园，”她拿出地图说，“看，就在这儿。”

此时此刻，迎宾员或许有50种不同的表达方式，但是他最后说出来的却令我大吃一惊。他看了看她的地图说：“我知道啊，我每天都经过这里。”

这位激动的客人的情绪瞬间跌到了冰点。他打破了她的美梦，夺走了她心中那美好的一刻。

那么他应该怎么说呢？“让我看看……哇，真是太棒了，离酒店这么近！我明天来上班的时候会过去仔细看看，谢谢。”这样说，你觉得怎么样？

接下来，如果第二天这位客人在房间里看到了一张便条，是迎宾员告诉她自己已经按照她的指引，在那天早上去过公园了，非常感谢她的推荐。你想象一下，客人会有什么感觉？

在接下来的15分钟里，我继续观察迎宾员的工作。他推荐了路线，预订了桌子，告诉她营业时间，并详细介绍了城里的热门景点。这些让他看起来很友善，举止优雅，自我感觉非常好。但是，令人羞愧的是，他无法体会到客户的心情。

黛比 · 荷马－戴维斯（Debbie Homer-Davies）在肯特郡的坎特伯雷附近开了一家母婴用品店。这家店里出售那些初为父母的人所需要的各种物品，从尿不湿到婴儿推车，应有尽有。

初次育儿对每个人来说都是一个既有趣又充满冒险的经历。你的手机会变成一个相册，每一次汽车旅行都需要精心安排，如果你发现一些可能对其他妈妈有用的信息，你总会迫不及待地要与他们分享。

黛比是一个狂热的五星级服务的追随者。她把我书中的理念充分运用在了她的生意上。我问她要一些关于顾客“美好时光”的案例，她一下子给了我几十个。下面这个案例是我最喜欢的。

在这家母婴用品店里，有一种叫作“闪螺”的玩具深受客户喜爱。很多顾客都反映过：“你知道吗？如果你把它放在冰箱里，它会很快变冷，这对婴儿磨牙有好处。”

毫无疑问，黛比已经无数次地听到这样的评论了，如果她回答说，“是的，很多妈妈都这么说！”那么，她就和其他大多数零售商没有什么区别了。

但是，她是这样说的：“谢谢，这真是一个好主意。”

客户可能会微笑地说：“我也是偶然发现的。”

“感谢您告诉我。如果其他妈妈觉得有用的话，我们会推荐给他们。我还想把这个好办法公布在我们的简报上，您不会介意吧？”

现在，一个兴奋的妈妈觉得自己受到了重视，认为自己说的话被人听进去了，相信店家已经在为之改变。

下面是一些五星级服务的方法，可以让你的客户感受到美好时光。

1. 请记住，即使这个故事你已经听了一百遍，但是对你的客户而言，始终是第一次。

2. 积极倾听。认真提问，点头同意，还要让这一刻美好成真。

3. 积极跟进。要努力改善，优化服务，让他们下次再来的时候感觉更好。

4. 与别人分享你从客户那里收集的信息，并对提供信息的客户表示感谢。

5. 设身处地。说起来容易做起来难。这意味着你要完全专注于他们：在打电话的时候不能检查电子邮件，不要无视别人的存在，不要计划你接着要做的事情，也不要回想刚刚发生了的事情。这意味着你必须设身处地，与他们在一起共度这段时光。

诀窍 14

微笑的玄机

科学证明，我们在出生后的几个星期里，就能学会通过微笑来表达快乐。微笑将伴随我们一生，直到我们离开这个世界。甚至有人说，他们希望微笑着离开人世。

那么，你好好看看周围的人。微笑是如此重要，为什么这么多人却不苟言笑呢？下次你上街的时候，看看一路上有多少人在微笑。你会发现自己往往只能在少数人脸上找到一些微笑。你不会为此惊讶，因为有时候即使有好消息，人们也常常不会微笑。

在这些竞争激烈的日子里，猛涨的物价和高速的生活节奏也常常会令人崩溃——长久以来，我们通过媒体可以直接看到我们的这种生活景象。我们要做的最纯真的事情，就是给别人一个真诚的微笑。

微笑是永恒的。

一个真正发自内心的微笑，能完全改变一个人的感受。微笑与你的内在生理反应有着直接的联系。换句话说，当你微笑时，就会与整个神经系统连接起来，你的整个身体发生的反应与你不笑的时候完全不同。

你可能学过或听说过一个微笑需要调动 17 块肌肉，而皱眉则需要调动 43 块肌肉。事实上，微笑调动的肌肉只要 12 块，皱眉也只要 11 块。下面，我把面部肌肉分解出来，让你了解得更清楚。

参与“颧骨（真正的）微笑”的肌肉主要有：面颊骨的大小肌肉，有 4 块；眼轮匝肌，有 2 块；提上唇肌，也是 2 块；还有帮助你提升嘴角角度的提口角肌，也是 2 块；另外，还有微笑肌，一边 1 块，在你笑的时候，把你的嘴角拉到一边。加在一起，总共有 12 块肌肉。

我们皱眉的时候则需要用到这些肌肉：和微笑一样，也要用到 2 块眼轮匝肌；1 块颈阔肌；双侧皱眉肌和单侧降眉间肌，你皱皱眉头，就动用了这 3 块肌肉。还有口轮匝肌，这也是单侧肌肉，只有 1 块。颏肌又是另外一块单侧肌肉；最后，把你的嘴角往下拉的是 2 块老降口角肌。这样算下来，皱眉一共需要 11 块肌肉。

除非是缺失了其中一块肌肉，否则谁也无法抵挡微笑的诱惑。

我们先把解剖学原理放在一边，探讨一下为什么人们不喜欢微笑呢？作为一位客户服务专家，没有比学会如何微笑更为重要的了。

在电影《偶像有约》（*Win a Date with Tad Hamilton*）中，女明星罗莎莉一生中最爱的人就是她最好的朋友。他非常了解她，能描述她的“六种不同的微笑”。

“一种忍俊不禁的笑；一种彬彬有礼的笑；一种若有所思的笑；一种自我解嘲的笑；一种莫名尴尬的笑；一种会心论友的笑。”

猜猜接下来会发生什么？当你与客户打交道时，你的六个微笑又是什么？当他们第一次走进店里的时候，当你打电话的时候，当你介绍产品功能的时候，当你倾听他们的故事的时候，当你感谢他们前来惠顾的时候，当你请求顾客推介的时候。这就是你的六个微笑。

打住！等一下。我见过有的人总是面带微笑，看起来很虚伪，而且你也不相信他们。这就是为什么我们要有一个真正发自内心的微笑的原因。

那么，你的微笑只是因为你真的快乐吗？当有人真诚地微笑时，你可以从他们的眼睛里看出来。练习真诚地微笑的最好方法是面对一些真诚的东西来微笑。多看那些让你开心的事情，当你内心感到快乐时，微笑也就自然流露出来了。如果你旁边有面镜子，那就花点时间仔细端详你真诚的微笑。通过有意识地训练你微笑的方式和火候，通过练习寻找令你微笑的东西，你就会发现每天微笑变得越发容易。

微笑可以拉近我们之间的距离。

诀窍 15
赠送卡片

你知不知道，一般人每年收到的生日卡片少于 4 张？你知不知道，就算加上其他场合，一般人每年收到的卡片也不超过 10 张？你知不知道，一般的客户几乎从来没有从他们的供应商那里收到过任何卡片。

我们会给客户邮寄账单，我们会给客户快递合同，即使我们给客户发送卡片，往往也是那种大批量生产的，那种上面已经印好了祝福语的公司圣诞卡。我们很少会因为其他事情给客户赠送卡片。然而，赠送卡片是一种向客户表示你真的在乎他们的极好方式。卡片虽小，却意义重大。不管我们是给机构内部还是外部的客户发送卡片，都会收到很好的效果。

我曾经与汇丰银行的一个项目部一起发起过一个项目，其中一个活动就是给每一个员工都赠送一张感谢卡，表达公司对他们的感激之情。当你为这家世界 500 强公司工作时，很容易就忘记你在其中扮演的重要角色。成千上万的员工在公司的不同部门里分工合作，所以我们需要想方设法地生产出一种个性化卡片。下面我介绍一下我们的做法。

我们设计生产了一种品牌卡（在内页留下足够的空间来写个性化的祝

福）。部门总经理亲自按照每张 10 便士的价格买下了所有的卡片，并将这些钱捐给了汇丰银行慈善基金。然后，她把一批卡片留为己用，把剩下的卡片按照每张 20 便士的价格卖给了她的区域总监，并把得到的钱捐给了慈善基金。接着，这些总监保留他们自己需要的一批卡片，把剩下的卡片再卖给他们的经理和团队领导。在每张卡片的背面，我们都印上了这样的声明："用于慈善，只售三次。"

然后在接下来的 30 天里，领导们必须找到一种方法来感谢他们的员工，要给他们送一张带有手写祝福的个性化卡片。每个人都知道他们会收到一张卡片，但他们不知道什么时候能拿到，也不知道上面写着什么内容。30 天后，公司里到处都是卡片，拿到卡片的那一刻，每个员工都"感觉非常好"（事实上，大多数人把他们拿到的卡保留了好几个月）。

真正受益的还是客户。因为员工为此而感到快乐，自己的辛勤工作得到了公司认可，他们会更加努力地去提供更好的服务。

我要告诉经理们的是：你用什么方式对待员工，他们就会还之以你的客户。

那么，你会在下列场合给你的客户寄卡片吗？

★ 生日的时候；

★ 按时缴费的时候；

★ 耐心等待的时候；

★ 转介客户的时候；

★ 愉快访问的时候；

★ 周年纪念的时候；

★ 圣诞节的时候；

★ 庆祝他们的成功的时候；

★ 表示歉意的时候。

额外提示

这里有一个提示可以让你的卡片显得更加特别。

除了要在内页手写祝福之外，还要手写信封，亲手贴上邮票（不要使用自动邮资机）。

想想看：如果在一大堆邮件里，你发现一张用贴着邮票的手写信封装着的卡片，你是不是会感到很兴奋，而且急切地想打开它呢？

围绕卡片主题的其他做法

感谢便签纸

如果你有一个小团队，那么你可以用一把彩色笔和一本便签纸，发挥你团队里的每个人的想象力，运用丰富的色彩和空间，来做出一页一页的“感谢信”。晚上迟一点离开办公室，在每个人的私人办公桌、工作台或墙上都贴上一张个性化的感谢信。第二天早上，你稍晚一点到办公室，也许会发现与以往有点不同。

用朋友圈表达感谢

朋友圈越来越流行，人们可以在线交换各自的想法。也许用朋友圈在网络上表达谢意也是一种合适的方式。可以通过把它链接到私人的网站上，让它显得更加个性化。

寄感谢信

随着电子邮件的普及，我们不会像以前那样邮寄那么多的信件。如果你不喜欢邮寄一张卡片，那么一封好的感谢信也可以让人感到快乐。当你写信的时候，要记得在信的开端写上“亲爱的”，在信的末尾也必须亲手写下“你真诚的朋友”。

寄送照片

在一个成功的会议之后，我们经常会回到自己的办公室，在白板上写一封感谢信，然后站在白板旁边拍一张数码照片。我们将照片发送给刚刚会面的人，他们一定会很喜欢它。

诀窍 16
特殊要求

我的妻子是一位乳糖过敏症患者。这基本上意味着，如果她吃到与乳糖相关的食物，比如，牛奶、奶油、奶酪、酸奶等，她都会病上好几天。

不幸的是，如果你不知道别人患有这种乳糖过敏症或者你不知道他们意外地吃一口这可怕的乳制品会对他们有多大的影响，那么你可能只是觉得她对食物过分挑剔或正在尝试好莱坞明星们的最新减肥方法。要知道，她确实不是这样的人。

所以你可以想象一下我们在餐馆里点菜的样子。克里斯汀问："请问这道菜里面有奶制品吗？能帮我问一下吗？我有乳糖过敏症，不能吃任何奶制品。"

"我想应该没有。"服务员一边回答，一边把菜点好了。等到我们的晚餐端上桌时，克莉丝汀用勺子拨弄着盘子里的土豆，问服务员："你确定这里面没有奶制品吗？"

服务员有些生气，跑进厨房，过了一会儿，面露不悦地告诉我们，"厨师长说，这盘土豆里面放了一点奶油。"

这就像对素食者说：“你的全素蘑菇烩饭里面只有一点点牛肉。”要知道这“一点点”奶油曾经让克里斯汀难受了三天。

下面是一个完全相反的案例。伦敦的鲁本斯酒店知道克里斯汀患有乳糖过敏症（这是通过其集团下面的一家姐妹酒店知道的，真是不可思议）。我们只在那里住了一个晚上，但马上就成为了这家酒店的粉丝。当我们入住我们预订的房间时，我们发现房间里有两张房间送餐的菜单。一张是标准的菜单，另一张是厨师长特意挑出来的克里斯汀最爱吃的食品菜单。本来那天晚上我们是想要出去吃饭的，但是你猜怎么着？是的，我们就待在了房间里，叫了客房送餐服务。

当你的客户有特殊要求时，你就面临这样一个选择：你是会抱怨它呢？还是会试图安抚他们，为他们提供他们需要的服务呢？

或者你可以通过提供一个不可思议的个人服务，让他们感到惊喜，以此来表明你真正了解了他们的需求。为此你会得到一个忠实的粉丝，他们还会告诉别人你是多么了不起。

这不仅仅表现在食物方面。有些人可能想在清晨见你，有些人则想在深夜与你见面。对一些人来说，这可能是因为他们的信仰，你可能不明白，但这却是他们生活方式的核心。许多人有残疾，有些很轻微，但他们仍然值得你去关注。

如果你不确定一个人的要求是什么，或者你不确定如何能帮助他们，那么你就可以直接去问他们。我还没有遇到过一个会在意被问及这个问题的人，无论这个问题的答案看起来多么明显。

最后，我们还会意识到，在一些不太明显的时候，有人也可能需要帮助。这个时候我们可以使用“友情提示”的方式（详见诀窍 42）。比如，大字号的价格表，对常见问题回答的不同语言的版本，一个简短的对其他文化和环境的介绍，这些事情看上去极其微小，但是有时候却能产生重大影响。

诀窍 17

向丽思酒店学习

我的工作决定了我需要经常出差。我曾经在一年中有 130 个晚上都是在出差中度过的。我从来不会在同一家酒店连续住上两晚。当你出差的次数越来越多，你就会对酒店有一个评估。我知道仅仅根据第一印象就做出判断是不公平的，但是，我们还不是都在这样做？

你的业务可能与酒店完全不同，但我在这里选择的两个体验案例完全可以说明，一个低成本的小行为会如何给你的客户以不同的感受。

我们先说一个非常糟糕的、令人不快的体验案例。

格拉斯哥是我最喜欢的城市之一。我在那里住了两年，这个地方和这里的人都让我难以忘怀，所以我总是期待着有机会再回去。

有一次，我一连 10 天做了大量的演讲和培训活动，终于在下午 5:30 赶到了酒店。这是一个位于城市中心的酒店，有一个富丽堂皇的大堂。我到的时候，大堂里的旅客们排着长队，大约有 20 人，都在等待着办理登记入住手续，可是前台只有一个人。等了几分钟后，我开始探身往队伍的前面看，希望酒店能增加一个员工来办理登记手续。可是，他们并没有增派人手。又等了45分钟左右，终于轮到我了。我走到前台，刚想打个招呼，接待员却连头都没有抬。实际上，我还没有开口，她就抬手示意我等一下，一直等她准备好时，才抬起头来。这可不是一个美好的开端。

她上下打量了我几下（我拎着两个箱子，背着一个背包，挎着一个电脑包），嘴里就蹦出了几个字："要登记入住吗？"

"不，我来这里是做灌肠手术的。" 我自顾自地说。排在我后面的人也紧跟着说，"是的，我也是的。" 她的脸上马上显出了不快，她根本没有心情好好接待像我这样的人。

"名字？" 她接着与我对话。由于我的姓氏可以有好几种写法，所以我总是在说完我的姓名之后，还要告诉别人怎么拼写。"我叫迈克尔・赫佩尔，赫佩尔的拼法是H-E-P-P-E-L-L。"

接着，她在电脑上输入了一串字符，我知道她肯定没有拼写对赫佩尔，因为她很自豪地从键盘上抬起头来，告诉我："系统里没有你的名字。"

"我应该在系统里。"

我一边回答，一边开始后悔刚才不该开那个玩笑。"我已经收到了预订单和确认信息。"

"给我预订单的号码。"这是一个亲切的回答。

我又花了5分钟把行李放下，取出我的旅行证件，找到预订单的号码，然后把那28位包括数字、字母、反斜杠和连字符的号码报给她。然后，她看着我，转了一会儿眼珠，说："哦，赫佩尔是这样拼的啊。"

接着她要求我在一张卡片上填写我的家庭住址、国籍等（卡片都是颠倒着递给我的），还要在画着两个叉叉的地方签上名。接着，她又找我要信用卡。你有没有碰到过这种情况，你不能顺利地把信用卡从钱包中拿出来，它们似乎被卡住了。当时，我的信用卡就被卡在了钱包里，我越用力拽，卡得越是牢。她以一种非常不耐烦的语气重复着，“我说了好几遍了，把你的信用卡给我。”最后，一堆信用卡终于抽出来了，我把这堆塑料卡片递给她。她从中抽出一张信用卡，在机器上刷了一下，然后把它扔在桌子上，几乎是以一种尖叫的腔调说：

“我们这样做，是以防你窃取酒店的物品。”

然后，好像中了魔法似的，她突然变得欢快起来，脸上浮现出一个很大、很假的微笑（这位员工肯定接受过客户服务的 2 级培训），并且语调欢快地说：“您需要叫醒电话或报纸吗？ 7 点到 9 点半餐厅会提供早餐服务，祝您在此下榻愉快。”

我跳进电梯，找到我的房间。我放下行李，像往常一样在房间里打量了一圈。然后，我真的非常吃惊。 我走进浴室，发现他们把厕纸卷的末端折叠成一个 V 形。到现在我都印象深刻。我真想赶紧打电话回家，告诉我的妻子，叫她放下手上的工作，到格拉斯哥来，因为我发现了一个真正知道如何把厕纸的末端折成 V 形而让客户感到惊喜的酒店！

当然，我真正在做的是想知道，为什么他们能够在厕纸上下这样的功夫（我知道地球上的每家酒店都会这样做），却没有花更多的时间来塑造客户对酒店的第一印象，也就是对酒店员工的培训。

虽然我还有更糟糕的体验，但这是一家非常昂贵的酒店，在业界也拥有很高的品牌声誉。而如今已是每况愈下，这也许与我到处分享这个故事有关。

他们怎样才能做得更好呢

下面是一个我最喜欢的迎接客户的案例。

1997 年，我访问了新加坡，并有幸入住进丽思卡尔顿酒店。我做了一个承诺，有一天我一定会带着我的家人再来这里——这真的是一个令人震惊的酒店。

2004 年，我要去澳大利亚和新加坡做一些工作，时间上正好与复活节假期重叠。我的儿子也正好利用“间隔年”的机会去了澳大利亚，所以我们决定这一次把工作旅行与度假合在一起过。经过长途旅行，我们飞往新加坡，到达樟宜机场，在那里我安排好了一辆车来接我们去酒店。司机很有礼貌，建议我们在短暂的旅途中放松身心。30 分钟后，我们就到达了酒店门口，开始了这场魔幻般的假期。

我在 7 年前住过这家酒店。当车门打开的时候，门卫那灿烂的微笑和热情的问候真正体现了五星级的服务。“欢迎回到丽思卡尔顿酒店，赫佩尔先生！”7 年了！是的，7 年前，我住在这里，听到的第一句话也是：“欢迎回到丽思卡尔顿酒店！”我的妻子克里斯汀跟在我后面下了车（记住，这是她的第一次到访），他也受到热烈欢迎：“欢迎来到丽思卡尔顿酒店，赫佩尔夫人。我相信这是你第一次来，祝您在此下榻愉快。”紧接着，我 11 岁的女儿也下了车，门卫热情地迎上去：“你一定是萨拉小姐，我们有一个礼物送给你。”一个迎宾员给莎拉送上了一小束花。

如果仅以此结束，也算是了不起了——但这还远远未够，只有越来越好。

当我们走向前台的时候，从对面走来两名员工亲切地称呼我们的名字，热情地欢迎我们说，他们见到我回来很高兴，也希望克里斯汀和莎拉在这里过得愉快。

在前台接待处，我们的登记卡正在桌子上等着我们，上面的内容已经填写并打印好了（家庭地址也预先打印好了）。登记卡和一支漂亮的钢笔就优雅地摆在我们面前的桌子上，我要做的就是签名。但是——这是一个大大的“但是”——接待员还是找我要信用卡。我知道大多数阅读这本书的人不会在酒店工作，你们中许多人也永远不会找别人要信用卡，但是你们可以从这个年轻的接待员身上学习到五星级服务。这是她在我签名时说的话。

“赫佩尔先生和夫人，你将和我们一起度过五个夜晚。在您入住期间，您可能会希望我们提供客房服务，或者去酒吧喝一杯。您可能会在我们的精品店购物，或者在我们的一家高级餐厅里用餐。也许你会觉得现在刷下信用卡更加方便一点，这样一来，你在消费的时候就不必携带现金和卡了。”

完美，太完美了，简直完美极了！

这会有多少成本呢？态度是免费的。培训一开始会花一些工夫，但受用一生。能让门卫在 7 年之后仍然记住您的名字的系统真是一个天才之作，但也得依靠基本的技术。总而言之，这反映了你选择什么样的方式来对待人们。

那么它是否有回报呢？我把这个故事告诉全世界的观众，讲给富时 100 强企业高管和财富 500 强的领袖们听。几乎在我讲授的每一个课程里，在大多数的主题演讲中，我都会讲这个故事。数以万计的、各行各业的人都听到过这个故事。

许多人通过电子邮件告诉我，他们也去了丽思卡尔顿酒店，与我分享了他们的经历，因为我向他们推荐了这家酒店。我从来没有做过任何形式的正式推荐，我只是讲了一个故事。

人们都在讲述你的故事——但很少告诉你。

你的故事有一个快乐的结局吗？

最新消息

后来，我很多年都没有再去过新加坡的丽思卡尔顿酒店，但我去过伦敦的切斯特菲尔德酒店好几次。一天晚上，我和妻子在晚上 8 点钟抵达切斯特菲尔德酒店。 在我们登记入住之前，接待员向我们致以热烈的欢迎：“欢迎来到切斯特菲尔德酒店，赫佩尔先生和夫人。”在登记的过程中，我们感到了些许的惊诧和浓浓的温情。在我们到了房间之后，我检查了我的电子邮件，并惊讶地发现了一封来自我的助手的邮件，信中问我是否预订了切斯特菲尔德酒店，因为她并没有预订上。一段时间的混乱之后，我突然醒悟，我们实际上没有预订。

我回到酒店接待处，问我们是否预订了当天晚上的房间。尽管我们没有预订，但这里的接待员仍然很照顾我们。她在表示欢迎后，检查了他们的系统，即使我们没有预订，她仍然让我们登记入住了。她很快地查阅了我们的记录，把我们安排到之前住过的我们很满意的那个房间。

她告诉我，她不会当着我们的面，直接告诉我们，“你没有预订”，因为这可能会让我感到尴尬。她的谦虚、不大惊小怪和完美的执行效率让我们感觉非常好。其实，就是这么简单。

诀窍 18

更好的服务来自创意

五星级服务并不总是成本昂贵的。也许你可以通过简单的创意，就可以获得惊人的成果。这些创意只用到了一星级服务的预算，这个成本你完全承担得起。下面是一些精彩的案例。

《风月俏佳人》(*Pretty Woman*) 是我妻子最喜欢的一部电影。这部电影受到全世界观众的喜爱，如果你是少数几个没有看过这部电影的人，我会告诉你，这部电影的很多场景是在洛杉矶的贝弗利威尔夏广场酒店 (Beverly Wilshire Hotel) 的一个套房里拍摄的。贝弗利威尔夏广场酒店现在已经被评为世界上最好的酒店之一了。它也是一间最具创意的酒店，充分结合了优雅的风格和一些非常酷的想法。

在我们第一百次观看这部电影的时候，我答应我的家人要去参观这家因《风月俏佳人》而闻名的酒店。在美国旅行的时候，我们找了一个机会去西海岸玩几天。但是有一个小小的挑战就是，如果你想重温《风月俏佳人》电影里的体验，住在贝弗利威尔夏广场酒店的那间套房里，最好是一对夫妇同去。但是我们喜欢和我们的孩子一起旅行，那该怎么办呢？

嗯，贝弗利威尔夏广场酒店知道很多人是因为这部电影而来住酒店的，而且一些人还是带着孩子一起来的。所以他们推出了一个“二人世界”的套餐。真是太棒了！爸爸妈妈可以在漂亮的套房里享受香槟和草莓，孩子们可以住在隔壁的房间里。更不可思议的是，孩子的房间里摆满了糖果，“汽水”和冰淇淋，还有免费电影和游戏供孩子们娱乐玩耍。

还有外出游览。前台服务员先问孩子们想去玩什么，再征求我们的意见，因为这需要父母来缴费。然后，他结合我们每个人的要求，规划出了一个完美的游览项目。克里斯汀和我想来一场“明星之家”的旅行。服务员让我们列出一张我们最喜欢的明星的名单，然后他再去查看各种各样的旅行项目，看看哪一个最适合。一般来说，没有旅行项目能符合我们的要求，所以他就给我们安排了私人旅行。然后，他把我们的名单给了旅游公司，让他们提前规划好旅游路线。

在回家的航班上，我们讨论着这场旅行中最令人难忘的地方，我们都谈到了这场梦幻般的体验，并不仅仅局限于房间、食物和游览项目等。

其实我们最好的体验就是，酒店为我们所做的一切，让我们的这段时光终生难忘。

你能为客户提供这样的服务解决方案吗？

下面的这个案例就没有这么浪漫了。谢莉尔 · 布莱克（Cheryl Black）是一个客户服务女王。退休前，她担任过英国 O2 电信公司、Scottish Water 公司、 Orange 公司和 NTL 公司的客户服务总监。

在美国奈飞（Netflix）公司和其他流媒体服务公司出现之前，NTL 公司（现在的维珍传媒）就曾提供让人们通过有线电视来订购电影的服务。这是一项前景很好的新技术，但是许多客户也都曾经历过新技术早期产生的问题。

有的订阅客户会打电话投诉，说他们已经订购了一部电影，但是无法观看。当然，他们有权获得退款，而且享受NTL公司制定的优惠政策，另外再获得一部免费电影。

这虽然很好，但是如果客户因为无法观看电影，而浪费了一个美好的周末夜晚，他们完全有理由对此表示失望。NTL公司就需要把服务提高到一个新的水平。

下面是他们所提供的服务，并取得了显著效果。如果有一些比较挑剔的客户打电话投诉，他们会在正常解决问题之后问："你喜欢中餐或印度餐？"在得到他们的回应后，客户服务顾问会说，"下次你看电影的时候，我们愿意送你一份外卖。你可以点一份咖喱饭，我们会在你的账户上加一笔钱来买单。"

多么妙的解决方案。因为他们意识到客户真正不满意的地方不仅仅是错过了电影，更是毁了一个周末的夜晚。这让他们设计了一个更恰当的回应：不仅仅表现在账单的退费上，而是给他们下载一个更美好的周末夜晚！他们称之为"情感联系"。

想想看，这是一个双赢的解决方案，它实现了下面几个目标。

1. 问题解决了，而且他们走得更远。
2. 他们不仅仅在财务意义上实现了增值。
3. 他们鼓励你看更多的电影。
4. 他们让你感觉良好，真的非常好。

下面这个案例来自一个度假者去过的一间西班牙卡拉 OK 酒吧。在我们的一个五星级服务研讨会上，丹尼向与会者讲述了这个美妙的故事。

丹尼和家人在西班牙度假。第一天晚上，他们发现了一个环境不错、带有卡拉 OK 的酒吧。丹尼歌唱得非常棒，大家都非常喜欢。店主送给他一杯酒，称赞了他的热情和演唱天赋。

第二天晚上他们又去了这家酒吧。第三天晚上他们又去了。丹尼告诉经理，他们要去参观一些其他酒吧，但周末他们还会回来。在最后一天，当他们从海滩步行回酒店的时候，他们看这家卡拉 OK 酒吧的外面挂着一个牌子，上面写着：

今晚，只属于丹尼。

丹尼很高兴。这天晚上，他不仅带着家人，还带了他在酒店里认识的 25 个新朋友一起去酒吧度过了一段快乐的时光。

行动起来

下面这五个想法，可以让你的创意源源不断。

1. 站在客户的立场上思考。想一想，如果你是客户，希望能把服务做到什么程度。然后，问问自己你能否做得更好。

2. 按照正确的方式来一场头脑风暴。你现在知道了头脑风暴的规则：不要进行负面评论，每个人的想法都算数。

3. 下一次你遇到一个服务问题的时候，问一下自己，根据直觉你会如何处理这个问题。直觉有很好的适应环境的方法。直觉会如何提升你的服务呢？

4. 释放别人的创造力。如果你是经理，要让你的团队想出创造性的方法来改善你的客户服务体验。

5. 不断问“如果……会怎么样？”这是一个极好的训练，能够让你用与众不同的方式来思考问题。下面有一些建议能够教你用这样的方式来思考问题。

如果 我们免费赠送产品 会怎么样？

如果 我们最好的客户走了 会怎么样？

如果 我把所有的时间都花在了工作上 会怎么样？

如果 我们把预算增加一倍 会怎么样？

如果 皇室成员来参加 会怎么样？

如果 我们参加客户服务大奖赛 会怎么样？

3

第 3 章 激发互动

最终，为了与客户进行良性互动，我们每个人都需要找到最好的沟通方式，让他们难以忘怀。

诀窍 19
关注沉默的客户

我们正处在一个不断变化的世界中。技术、工作方式和品味每天都在发生着巨大的变化。不过，我确实相信最大的变化是：

客户的期望值正变得越来越高，但他们却不告诉你。

是的，客户的期望值真的是空前高涨，他们的要求比以往任何时候都要高。但是，如果你自己作为一个客户，你是不是懒得花时间告诉别人你的需求到底是什么呢？我猜想，你肯定会响亮地回答："不。"我们只是没有时间而已。

最近，我和一个朋友一起旅行。他在酒店住宿的时候遇上了麻烦。当他到达酒店的时候，房间还没有整理好。等到最后他终于进入自己的房间，却发现房间竟然是个有烟味的标准间，实际上他预订的是一间无烟大床房。淋浴的水流也很小，空调太热，令人窒息，却没有办法把温度调低。

我们在前台接待处碰面，他告诉我房间里的所有问题和他刚刚经历过的噩梦。30秒钟后值班经理出现了，问我们房间里的设施是否一切正常。我惊讶地看着我的朋友，他竟然回答说："一切都好，谢谢。"

经理一走，我问他："好！哪里好了？"

"唉。我不想找麻烦。我保证不会再来这家酒店了。"他很肯定地回答。

所以在这种情况下，经理以为每个人都很开心，而客户们却都在心里想："我们肯定不会再光顾这家酒店了！"

即使在离开酒店的时候，我们会习惯性地填写顾客满意调查表，我的朋友却仍然没有表达他的不满。

那么，你怎么知道客户对你的看法呢？要知道他们保持沉默并不意味着他们感到快乐。

针对这种情况，你会怎么做呢？

1. 创造一个让人感到舒服的环境，让他们愿意给你反馈——到底是好还是坏。你要从一开始就保持开放的心态，对人开诚布公。

2. 有策略地提问，好让人们分享他们真正的感受。你可以这样问："我们还有什么地方需要改进吗？"大多数人会说，"嗯，没什么。"因为你现在已经意识到了沉默的顾客所带来的恐惧，你就可以接着问："谢谢你。如果你觉得有一件事需要我们改进的，那会是什么呢？"然后你需要做的就是认真倾听。

3. 当你要求客户填写反馈卡时，可以这样说："你介意填写一张反馈卡吗？请尽可能如实地反映你的看法，因为我们深知客户的反馈是我们进步的动力。"

如果你遇到一个爱抱怨的客户，请记得感谢他。细想起来，他可能代表着几十个遭遇了相同问题的客户的想法，但是其他人并没有说出来。然后，请使用这本书中的 54 个诀窍来确保你能赢得他们的终身信任和忠诚。

额外提示

找出你能想到的客户的需求，列一张清单。然后，在下次你和他们（或者他们的代表）见面的时候，把清单给他们看，问问你是否都做对了，并且再问他们是否还有什么需要添加的。

你可能会觉得这有点俗气，也许你是对的，但是如果你的供应商为你这样做，你又会怎样去做呢？想象一下，如果你下次去看牙医的时候，一个态度亲切的工作人员花 5 分钟，让你看一个潜在的改进服务列表，并让你有机会把你的想法添加进去，你会有什么样的感想呢？然后再想象一下，如果下次你去牙医那里，发现他们正把你的想法付诸实施，你又会有何感想呢？

诀窍 20
超级脚本

还记得新加坡丽思卡尔顿酒店的前台接待员在请我刷信用卡的时候所说的话吗？如果不记得了，我给你一个小小的提醒。

> 赫佩尔先生和夫人，你将和我们一起度过五个夜晚。在您入住期间，您可能会希望我们提供客房服务，或者去酒吧喝一杯。您可能会在我们的精品店购物，或者在我们的一家高级餐厅里用餐。也许你会觉得现在刷下信用卡更加方便一点，这样一来，你在消费的时候就不必携带现金和卡了。

我不知道一天她说了多少次这段话，但我知道这是个很棒的脚本。她可能会改变其中的一两个字，但基本上还是会按照这个意思表述，因为这句话说出来很有效果。

脚本的利与弊

你说对了，你会不假思索、毫不费力地说出脚本中的台词，而且在大多数情况下，你已经知道结果会是什么。

脚本应该具有连续性，可以很好地帮人们转换角色。脚本也可以给人信心。最近，有个员工对老板说："我不知道该说什么，所以我就什么也不说了。"

对于那些认为脚本会夺走激情的人，可以去看看莎士比亚的戏剧，想一想是不是这种已编排剧本的戏剧也充满着激情？

但是，使用脚本还是要小心。也许你已多次从一个人那里听到过语音单调乏味的脚本，如果不是他们站在你面前，你一定会觉得他们是在读屏？（在许多呼叫中心里，他们就是这么干的！）不要以为我们看不到接电话的人，我们就不能感觉到他们的存在。

脚本会让客户服务变得轻松容易，但是你必须真诚地、富有激情地去做。

脚本会扼杀创造力。如果你正在使用一个脚本，当你需要脱离脚本，自由发挥，向客户介绍公司情况的时候，你可能就会受到这个脚本的束缚。即使是最好的脚本也需要不断改进，以最大限度地摆脱这种困境。

在下面的案例中，这个脚本就非常棒。想象一下，你去预订一个假期旅行，旅行社对你说：

在接下来的几周里，你会收到你的机票，然后请在飞行前的两周左右完成航班的最终确认。这是我的名片和电话号码，如果您有任何需要的话，请联系我。

如果他们像下面这样说，或许会显得更加亲切：

好了，你的行程都安排好了。在接下来的几周里，你会收到你的机票，请及时关注邮件。然后，你会在飞行前两周收到航班信息的最后确认，那会是一个非常激动人心的时刻。如果在此期间有什么需要我帮忙的，可以随时联系我。我叫克莉丝，这是我名片和电话号码，祝你们假期愉快。

这才称得上五星级服务！

行动起来

三招打造一个好脚本。

1. 写下来。想一想你喜欢使用的词语和它们的表达方式。

2. 大声朗读五遍。在每次读完之后，做细微的调整，直到你满意为止。在你开始使用剧本的时候，前几次你仍然会感到有点别扭，但是一旦它植根于你的大脑中，你就会顺其自然地表达出来。

3. 要准备好，稍微脱离脚本，视情况而言，但一般来说还是要以脚本中的基本内容为准。

诀窍21
电话服务

“你好，祝您愉快！这里是迈克尔·赫佩尔公司。我是路德，有什么可以帮到你的？”

这就是你每次给我们打电话，我们的员工接听电话时，传到你耳中的第一句问候。声音亲切，语调开朗活泼。听完之后，心情为之一振。这句问候为后面的谈话定下了基调。它会让我们备受客户关注。我非常喜欢待在办公室里听大家接电话。我喜欢听到办公室里电话铃声响起来，大家接电话时这么亲切地问候别人。

然而，当我们打电话给其他机构的时候，你知道是什么情况。经常是开头第一句话就蹦出公司的名字，然后再漫不经心地加上一句，“有什么可以帮到你的？”

用“有什么可以帮到你的”来回复电话，只能获得一颗星。

但是，通常你听到的仅仅是公司的名字。这也只能获得一颗星。

这种话让人听起来枯燥乏味，离五星级服务相差甚远。因此，首先你要设定好接听电话时的问候语。它不一定非得是“祝您愉快”，但为什么不选择一个比你现在用的这个更好的欢迎问候语呢？

下面，我们用一个虚拟的“一星”公司来举例说明。

“欢迎致电一星公司，我是希瑟，有什么可以帮到你的？”

“你好！我是一星公司的希瑟，有什么可以帮到你的？”

“非常感谢您致电一星公司，耽误您的时间了，有什么可以帮到您的？”

如果是你给一星公司打电话，你喜欢哪一种应答方式呢？

好的，现在我们接到电话了，那么下一步我们要怎么做呢？

你有没有遇到过这样的情况，你在与别人进行电话交谈时，他们听起来好像对你不感兴趣？那是因为他们确实没有兴趣，他们可能只是在正常地应对着谈话，但是他们的肢体语言和语调却出卖了他们。

而且，你也听出来了。

你不要以为在电话中别人是看不到你的，但这并不意味着别人感觉不出来。

实际上，当你和别人通电话的时候，你最好夸大你的肢体形态和语调。

下面几条可以指导你如何去做。

1. 端坐起来，最好站起来。
2. 头微微抬起来。
3. 保持微笑——微笑也可以通过电话传递给对方。
4. 集中精力——不管你手头还有多少事情要做，你都要集中精力。
5. 给予你通话的人创造一个视觉形象——让他们在你面前看上去快乐和亲切。
6. 称呼别人的名字。
7. 在通话结束的时候，要记住表示真诚的谢意。

记得在你的每一通电话中都使用上面那七个简单的步骤。很快你就会看到你们通话质量的差异和客户给你的反馈发生了改变。

但是，如果你想真正做到优秀，就要好好学习下一节“高级电话服务”。

诀窍 22
高级电话服务

在上一节中，我们已经学习了五星级电话服务的基础课程，那么接下来我们要做什么呢？优秀的五星级电话服务从业者所拥有的素质，很多人都是可望而不可及的。刚开始的时候，这些规矩看上去似乎有点复杂，但很快你就会习惯了。

声音镜像

你可能已经听说过，“同步和镜像”是一种建立融洽关系的方式。在人与人之间的沟通中，它的确是一个非常出色的工具，但大多数人仅仅把它限制在面对面的交流中。实际上，它也完全适用于电话交流。

下面三个重要的行为可以反映在电话镜像上：

1. 关键词；
2. 个性化用语；
3. 视觉、听觉和行为的暗示。

先让我们从关键词和个性化用语开始。当你与人谈话时，要记下这个人使用的所有关键词。只要他们一说话，你就知道他们是谁。当你和他们交谈时，你的任务就是至少要复述三个关键词和个性化用语。

下面这个案例是讲一位商务旅行者想在酒店里找一个房间。

“我想要一间酒店里最安静区域的舒适的大床房。没有好景观也没有关系，因为我会在房间里工作和吃点东西。你们所有的房间都有足够的插座吗？”

这位旅行者给两家酒店打了电话，提出了同样的要求。读读下面这两个回复，然后猜一下，他会选择哪一家酒店？

“在我们酒店的西面有一间双人大床房。我们提供 24 小时的‘客房定制’送餐服务。每个房间都提供 240 伏电源和互联网接入服务。”

另外一个回复则是这样的。

“在我们酒店内最安静的区域，有一间舒适的大床房。如果您想在房间里吃点东西的话，我们很乐意为您服务。而且，我可以保证我们所有的房间都有足够的插座。”

正如你所看到的那样，第一个人给出了酒店手册上写明的所有正确的信息。可是这位旅行者并不关心“双人大床”，也不在乎“客房定制”的送餐服务，更没有问房间里的插座电压是不是 240 伏的。第二个人认真听了这位旅行者的要求，注意到了，并复述了几个关键词和个性化的用语。这位旅行者用了“舒适的大床”这个词，所以他也用了“舒适的大床”这个词。旅行者用了“吃点东西”这个词，他也用了“吃点东西”这个词。你看看，在这两个简单的句子里，能否找出更多的相似点。

这不仅非常有用，也非常有趣。你可以尝试一下，我想你会喜欢它。

下面是一些经典的错配情况，无论是在电话中还是在面对面的情况下都可能发生。我们如何才能抓住这些错误的微小细节呢？我们又该如何去说呢？

客户	错误回答	正确回答
我急需这个。	我们会很快给您送来。	我们紧急给您送来。
还有地方吗？	我们还有空位置。	我们还有地方。
要多少费用？	成本是……	费用是……
我喜欢鲜红色。	我们有红色的。	我们有鲜红色的。
这个可以装牛奶吗？	这个里面没有牛奶。	不，这个不能装牛奶。
我可以退货吗？	你可以把货拿回来。	是的，你可以退货。

基本模式

接下来我们要看的是如何运用和理解人们的基本模式。大部分人都适用于下面三种基本模式：

视觉；

听觉；

行为。

当你与一个对视觉敏感的人通电话的时候，你会意识到，他们倾向于使用视觉化的“暗示”。例如，他们会说：“我见过你们的产品，看起来很有趣，你能寄给我一本产品小册子吗？我想更多地了解你们的产品。”

当你与一个对听觉敏感的人通电话的时候，你会意识到，他们倾向于使用听觉化的“暗示”。例如，他们会这样说：“我听说过你们的产品，这听起来很有意思，能告诉我更多关于产品的信息吗？我很想多听一些这方面的信息。”

当你与一个对行为敏感的人通电话的时候，你会意识到，他们倾向于使用行为化的“暗示”。例如，他们会这样说：“我知道你们的产品，我觉得我可能会对它感兴趣。你能描述一下产品的情况，与我保持联系，告诉我未来发展的计划吗？”

你也会注意到这三种人说话的语速往往是不同的。对视觉敏感的人说话一般很快。你听过“一画胜千言”的说法吧。嗯，对视觉敏感的人试图把他们想说的千言万语都融入到一幅画中，因为他们相信这幅画描绘了他们想说的。

对听觉敏感的人往往更注意说话的节奏，使用的词汇也更丰富。

对行为敏感的人的语速往往很慢，而且会经常停下来，他们会试图去感受自己的感觉。在这一点上，对听觉和视觉敏感的人往往比较投入，他们会努力一次性把一句话说完。对行为敏感的人却不喜欢这样，所以如果你与这样的人说话的话，请耐心听他们说完。

你可以尝试一下，在与人交流的过程中，一开始就找出对方谈话的基本模式，然后按照上面我们说的特定方式来完成后面的谈话。这是一件非常有趣的事情。

那么，我们为什么要花时间去学习和应用这些理念呢？

因为一般来说，人以群分，人们都喜欢与自己性格相近的人交流。

简单来说，如果我们了解这些基本模式的特性，并正确使用它们，那么在潜意识层面，正在与我们交谈的人就会认为我们与他们更为接近或相似。另外，如果我们喜欢和自己一样的人交流，那么我们就会创造一个更好的客户体验。

就像学习任何新技能一样，你越是不断地去练习它，你就能越快速地学会它。很快你就能观察到所有人的语调，风格和其中的细微差别。

要特别注意下面的词汇和短语：

视觉	听觉	行为
看到	听起来	感到
看上去	听说	坚硬
图片	听到	处理
幻想	聋	触摸
显示	听到过	抓住
想象	沉默	具体
展示	震耳欲聋	敲击
清晰	收听	抚摸
反映	嘘，安静！	取出

最后，我需要说明的是，大多数人并不是完全按照视觉、听觉、行为来分类的；他们往往是一个视觉、听觉和行为的混合体。但许多人在他们对外交流的时候都会有一个基本模式，而且这是可以被我们看出来、听出来和觉察到的。

诀窍23

语音留言、应答机和自动呼叫排队系统

你打电话给别人，多半会听到这样的留言信息：

“我在打电话，或者不在我的座位上。请在语音提示后，给我留言，我会尽快回复你。”

你真的要用这个满世界都在用的毫无新意的留言信息吗？为什么不用五星级服务的方法来创造一个自己的语音邮件呢？而且，这也是一项重要的工作，可以鼓励人们给你留言。

假设你是一个水管工，你的语音留言可以设置为：“对不起，我现在不能亲自接听你的电话。我正在给一个重要的客户安装优质的管道。请在语音提示之后，给我留言，我乐意为你效劳。”

如果你是一个擅长人像摄影的摄影师，你的语音留言可以是这样的，“现在，我正在帮客户拍摄欢乐的家庭照，这是他们一生中最宝贵的时光。请在闪光灯亮起之后，给我留言。”

如果你在会计部门工作，你可以留言说：“对不起，我现在不能接你的电话，因为我要离开办公室去度个假。我保证，度假回来以后，我会更加精神

百倍，记账无误，付款准确，按时出票。”

我很乐意打电话给一家有电话呼叫排队系统的公司，电话接通后，你会听到：“请留意，这是一个系统信息。你需要按键才能进入下一个菜单。我们这样做是为了提高我们的效率，而且也会对你有帮助。所以，我们启用了这个系统。现在请你做出第一个选择，请按下……”

最近，我注意到有些人喜欢留下一些独特的日常信息，尤其是在手机上。这是个非常好的主意，因为它使人看起来更真实。然而，他们往往会这样说：“今天是 21 号星期一。我大部分时间都在开会。请给我留言，我会给你回电。”

如果换种说法，会不会更好呢？

“今天是 21 号星期一。早上，我会先和一些客户开会。在短暂的午餐之后，我要去参加一个产品发布会，去看一款能够提高我们业务的最新软件产品。请不要挂断电话，给我留言，我会在今天晚些时候或者明天一早给你回电。”

我知道，并是所有读这本书的人都适合留这样的消息，但我敢打赌，超过一半的读者可以这样做。

但是要小心。不要让你的留言信息太长、太搞笑，不然你的留言信息还未结束时，对方就早已挂断了。还要注意同一个人给你留言的频率。如果总是同一个人，你可能只需要说几个字。我有一个朋友的留言就是：“丹，请在哔的一声后留言。”丹是个说话不多的、电话费很少的人。

接下来，就看你敢不敢重新录一段语音留言

消息了。这里面会包含很多乐趣和冒险。

额外提示：

下面是经常在留言信息中使用的 21 个词汇，但这只是一小部分而已。

答应	错过	很快
感恩	理解	最好
你	短暂	亲自
变化	让	重要
请	清楚	出色
谢谢你	不可思议的	感激
最早	快速	我会……

惊叹于细节

当你不在办公室的时候，你通常会花 10 秒钟构思，再花 30 秒时间写好一个电子邮件的自动回复（我知道通常你是度假去了）。但是，在这个回复中，应该始终有一个“做什么，联系谁”的部分，如果发生紧急情况的话。你不能让客户浪费他们的时间，或者更糟的是，如果他们找不到你的话，他们也许会打电话给你的竞争对手。这是你希望看到的结果吗？

下面是一个非常好的外出度假电子邮件自动回复的草稿。

哦，对不起！我很抱歉你收到这封有关我外出不在办公室的信息。这是真的，我不在办公室，但我想介绍我的同事加文来帮助你。加文长得比我帅，我不在办公室的时候，他会帮助你处理事情。我要到5号星期三才回来，但是如果你等不及的话（为什么你要等呢），请打 ××× 这个号码联系加文，或者给加文发电邮，他的电子邮箱是 Gavin@***。请不要太在意颜值。

谢谢！

山姆

诀窍 24

关键不是你说了什么

“有个很严重的问题，您的车子需要更换一个新的变速器。这个部件可不便宜，要几千块钱。而且这几天我们还没有时间帮您修理。”

这可不是我想听到的……在这家汽车维修厂里，客户接待员很尽职，但她可能仅仅是从技术人员那里了解到了这些情况（还记得他们有时候会打电话给机械师吗），这些机械师之前就已经诊断出这个问题，然后告诉了她。

下面这些话则是保罗 · 史密斯对我说的，他在纽卡斯尔的梅赛德斯汽车维修厂工作。他说，“赫佩尔先生，我要告诉您一个好消息，我们找到了问题，它可能对你的车产生严重的影响。您只需要更换一个新的变速器。这不是一个很大的工程，所以我们看看，能否尽快给您预约修理。”

“要花多少钱？”

“老实说，这不是一个便宜的部件。但是，您这辆车是真不错，而且您看上去也是个做事漂亮的人。”

所以，技术员告诉我的信息和客户接待员说的差不多，但是他多说的那几句话让我很高兴，因为我和家人不会马上遇到危险。我感到很放心，因为车很快就会被修好，重新上路。

15分钟后，客户接待员也给了我相同的提示，但是她却竭力让我觉得极度沮丧。

这是为什么呢？ 我猜想这是因为，那位客户接待员根本就不知道她那样说会对人们造成多大的影响，她“只是在做她的工作”而已。 否则，她应该说得更加婉转和戏剧化一点。有些人很容易受戏剧化和负面情绪的影响。

我们都听说过这样一句话，“你做什么不重要，重要的是你做事的方式。”上面这个例子也是如此，只不过它表明了“你说什么不重要，重要的是你的说话方式”。

我有一个朋友被公司裁员了。当我问她有什么感受时，她说：“我很好，但我担心我的老板。他对我们真是好得不能再好了，这样做真的很难为他，他富有同情心。我很幸运曾与他共事。”

我一直在想，“哦！他到底说了什么？”

事情是这样的。这家公司为了生存下去不得不裁员20人。公司的两个经理分别负责把裁员的消息告诉他们手下的10个员工。我的朋友很幸运地在那个友善的经理手下工作。另一个经理根本就不知道怎么把这个裁员的坏消息告诉手下的员工。谈话结束后，他手下10个人中有4个人认为公司这样解雇他们是不公平的，声讨他和公司，还试图说服其他人一起提出赔偿。可是，我朋友的老板手下的人几乎都没有采取进一步行动的想法。

你对你的客户、同事、朋友、家人说了什么不重要，实际上更重要的是你怎么说。花点时间去思考要用什么方式去告诉别人消息。 这并不是说你要去撒谎、夸张或扭曲事实。 它只是以一种积极的方式，一种你觉得可以接受的方式向人们传递信息，事实上，我们完全可以超越“可接受”的程度；我们为什么不去用一种让彼此更为舒服的方式与人沟通呢？

你会觉得真棒，你周围的人也会感觉很好。而且，谁知道呢？你可能只是在你不断探索的道路上走得快了一点。

惊叹于细节

告诉别人坏消息时，请向外摊开你的双手。这是一种非常好的肢体语言，能充分表达出你真的很遗憾。

4

第4章 摩天大厦的地基

你可以天天都提供微笑服务，但是如果你的地基不好，你的客户就会转投他人怀抱。

诀窍 25

拥抱新技术

我遇到过这样一个问题。

2006 年，在我撰写《服务的艺术》第一版的时候，我就意识到 Twitter 将会创造奇迹——尽管那个时候它还没有问世。

在之后的一版中（出版于 2010 年），我建议一些早期用户去拥抱 Twitter 这个新技术，把它作为一种与客户交流沟通的方法。我举了一个例子，讲一个企业家是如何在火车上与客户交流沟通的。是的，他一边坐在火车上以每小时 125 英里的速度前往另一个工作地点，一边实时与客户沟通。

哇！这在当时可是相当先进的。

时间已经到了 2015 年 3 月，我坐在桌前，却觉得有些困惑。我知道，我应该去写如何使用最新的技术与客户沟通的文章，了解他们的需求，然后再通过最新的数字科技让他们感到惊喜。

但我的困惑是，等到这本书出版的时候，它可能已经过时了。

这一章与书中的其他章节不一样。在其他章节中，我与大家分享的那些理念基本上是不受时代限制的。

所以，我静静地坐在那里，不停地问自己：这是为什么呢？

如果你有兴趣，可以与我一起体会这种质疑的力量。下面就是我的思考过程：

为什么“拥抱新技术”这一章会过时得如此之快呢？

↓

因为技术更新得太快。

↓

这是为什么呢？

↓

因为最新最好的技术需求更新得太快。

↓

这又是为什么呢？

↓

因为我们从不满足于现状。

↓

这又是为什么呢？

↓

因为我们的需求在不断地再升级和提高。

↓

答对了。这就是技术，就是客户的需求——需求的不断升级和提高。

在可预见的将来，客户的需求将会发生我们无法想象的变化。所以，我面临着一个进退两难的局面。我是要写如何使用最新的技术来改善大家的服务，还是要就这个问题挖掘得更深一点呢？

还是让我们更深入地挖掘这个问题吧。

对于一家企业而言，不要以为在 Facebook 网上创建一个公司的主页，在 Twitter 或者其他社交网站上注册一个账号，就可以万事大吉了。

新技术不能提供更好的服务水平。它只是一个有用的工具，一种服务的新渠道、新方式。

下面我们讨论一下“实时聊天”。它被誉为自从设立了“客户意见箱”以来，客户服务领域发生的最大的事件之一。

我开启了深入体验式的研究模式，开始测试“实时聊天”的技术。我足足花了 2 天时间去探索“虚拟聊天助手”这个世界。你们猜猜我发现了什么？苹果公司的虚拟聊天助手很聪明，而大多数银行的虚拟聊天助手的表现都很垃圾。

这个结果与实时聊天的技术没有任何关系，关键还是在于人。

Twitter 也是这样的。对一些机构来说，Twitter 提供了一个非常完美的平台来实时获得客户的反馈。但是，你会面临这样一个问题，Twitter 上的信息是海量的，你如何才能看到那些对你有用的帖子呢？

在线回复与呼叫中心之间最大的区别就在于，你的在线对话内容基本上是公开的，也是永久不可删除的。

所以，你一定要在这方面做得非常出色才行。

我曾经跟尼克 · 伍德聊过。他是维珍东岸列车公司的社交媒体经理。我想找尼克聊天，是因为在过去的几年里，我一直关注着他们的 Twitter，还在不少场合下与他们互动过。

通常 Twitter 上发布的都是好消息。我曾用我的 Twitter 账户表扬过一位列车员，称赞过他的服务并分享过自己的看法。

有时候，也有人会在 Twitter 上发泄不满的情绪。有时候，有人也会配上照片，公布火车不是因为“发动机故障”而暂时停车的，而是因为车厢着火了。

尼克将社交媒体描述为一个“巨型金鱼缸”，他补充说：“每个人都能看到你，但每个人都有自己的观点。”

他鼓励他的团队尽量多运用他们的直觉，如果感觉有必要用某种方式来交流，那么就去做吧。

尼克认为，他的团队发挥的最重要的影响力就是让人放心，让旅行者能够感受到他的社交媒体团队会在旅途中伴随其左右。但是，最重要的是，他们对客户的关心和支持。你不妨亲自去 @Virgin_TrainsEC Twitter 上看看吧。

现在，让我们更上一层楼，看得更远一点。

下一波科技浪潮可能根本与人类无关。IVA（Intelligent Virtual Assistant，智能虚拟助手）技术可能是一个绝妙的主意。你甚至不必花钱招人来回答客户的咨询。

但是，这也带来了另一个大问题。如果你使用这种类型的技术，就必须遵循一个黄金法则——管理好客户的期望。要从一开始就告诉你的客户，与他们交谈的是一台电脑而不是一个人。已经有一些机构正在竭力撒谎，隐瞒你想知道你正在和谁沟通的这个真相，但是他们会因此而破产。

最有价值的在线技术就是要把科技与真实的人联系在一起。

“您的订单将在 9 点和 12 点之间交付。”这等于什么也没有说。

“您的订单将于今天上午 10:34 到 11:34 之间由我们的司机为您交付。

他的名字叫利亚姆。请点击这里跟踪查看他的路线。”这才是一个精彩的回复。

当利亚姆把包裹送来时，我已经知道他的名字了。他来之前给我打电话说他会提前 15 分钟到，而我已经知道他会早点到来，突然间我们发觉彼此似乎很有默契。

看完这章之后，请你在 Twitter 上发表这个帖子：新技术背后的人才是最优秀的，如果没有他们，新技术将一无是处。

诀窍 26
雷达思维

如果你一次又一次地碰到同一个问题，你会怎么做呢？

你知道客户不会高兴，但你却束手无策。因为这已经超出你的掌控能力之外了。

飞机上的雷达设备可以让飞行员发现他们计划飞行的路线上所遇到的任何障碍物。因此，飞行员在雷达系统上可以发现航线前方的山脉，并计算出新的飞行路线。毕竟没有人指望去移动一座山。

雷达真是一项了不起的发明，它能探测到问题，并及时告诉我们。

雷达思维发挥的作用也是如此，就是提前让你发现在客户服务中的“噩梦”，然后帮助你把它转变成“美梦”。

我们所言的雷达（RADAR），是下面几个词汇的缩写：

发现（Realise）；

评估（Assess）；

决策（Decide）；

行动（Act）；

检查（Review）。

发现——真正发现你的问题到底出在什么地方？把你的头从沙子里抬起来，切实面对你的客户提出的日常挑战。是交货时间的问题吗？是分包商的问题吗？是成本的问题吗？还是客户的问题呢？

一旦你找出问题，接下来……

评估——来一场真正的头脑风暴，把所有想法都摆到桌面上进行讨论。如果你真的需要一个强大的头脑风暴，请务必确定你运用了下面三条黄金法则：

1. 把每个想法都记下来；

2. 保持积极的心态（不要说“这个我们以前已经实施过，但是毫无作用”这样的话）；

3. 让每个人都有机会参与其中。

一旦你评估了所有想法，接下来……

决策——现在，你要做出一个决策，哪些想法你决定使用，哪些想法你要暂时放一放，以后再用。一定要采纳并执行最好的想法，并确保他们能真正地解决问题（回头再去看看“发现”问题的环节，然后确认一下）。

一旦你选择了一两个想法，要去做……

行动——光说不练，毫无用处。你听过树上有 4 只青蛙的故事吗？ 1 只青蛙决定跳下去，树上还剩下多少只青蛙？答案是4只，因为那只青蛙只是决定跳下来，可是他并没有跳。一定要确保你的想法快速地付诸实施，要确保每个人都知道你在做什么？

一旦你的想法付诸实施，接下来……

检查——花时间去慢慢调整你的想法，如果需要的话，也可以视情况放弃这个想法。你一定要牢记，不是任何事情第一次就能做对！要一边做，一边去调整你的想法。有很多改变世界的想法一开始也并不完全是正确的。如果你是一位飞行员，在阅读这本书的时候，我作为本书作者，需要提醒你“一开始就要做对”的想法对你是适用的。

一旦你掌握了这个方法，你就可以使用雷达思维的技巧，把它作为你们每周会议或每月员工培训的一个重要组成部分。让更多的人提出他们的想法，他们就会工作得越卖力。

接下来，我将提供三个雷达思维的应用案例，让你更好地掌握它。

诀窍 27

雷达思维的功能

下面是三个雷达思维的应用案例。他们很好地运用雷达思维把一些经常发生的问题变成了一个个出色的客户服务体验。

第一个是关于迪士尼公园的。我想，没有一本讲述客户服务的书会漏掉迪士尼的案例。位于佛罗里达州奥兰多的未来世界是迪士尼最大的公园，那里有一个你无法想象的大停车场。如果你曾经开车去过那里，你就会知道那个停车场的规模有多大。光一个未来世界的停车场就可以容纳 20 000 辆汽车。

从后勤服务的角度来看，一天从早到晚都要为每个游客提供停车位，真是一个巨大的挑战。所以当一个疲惫的家庭在公园里度过了漫长的一天后，他们告诉迪士尼的工作人员自己不记得把车停在什么地方了。这真的是一点办法都没有。如果只是十几个家庭发生这种事情，问题还不大。但是在繁忙的日子里，有时候可能会有多达 500 人找不到他们的汽车。

传统的办法是帮助客户尽量回忆他们把车停在了什么地方，并建议他们耐心等待，直到其他人都回家了，然后在这个 30 英亩大的停车场上剩下的汽车就是他们的了。你希望他们已经汲取了这个宝贵的教训。

有人建议，迪士尼可以为丢失汽车的家庭设置一个等候区，在里面，他们可以休息，观看卡通电影并购买零食。在停车场被清理出来后，再提供一个特殊的“找车”服务。大家可以不停地按他们的遥控钥匙，直到他们的汽车灯闪烁，再派车送他们过去。这是一个很好玩的主意。但是，你要知道在漫长的一天结束后，你最想要做的是什么？对了，你只想要找回你的车。

下面是迪士尼提供的解决方案，让 90% 以上的游客在 5 分钟之内就能找到他们的车。

当你停好车后，你将搭乘一列游览列车从停车场到达公园入口处。列车司机会让你记住停车场的名字（所有停车场的名字都是用迪士尼电影里的人物命名的），还有你停在第几排。他甚至会让你大声说出来。但是，在漫长的一天结束后，大多数人都非常兴奋（也会玩得筋疲力尽），他们许多人就会把停车场的名称和第几排抛在脑后。

所以，下面发生的事情就充分显示了迪士尼的魅力所在。那位来接你的司机也会把游客到达的确切时间、停车场的名称和第几排都记录下来。然后，如果你找不到自己的车，被安排来帮助你找车的工作人员就会问你：“你还记得你是什么时候到的吗？” 在大多数情况下，人们会记得他们到达的时间，原因不外乎这三种情况：（1）为自己能够早到感到骄傲；（2）匆匆忙忙地赶过来，公园已经开门或即将开门；（3）算算还能玩多少时间，因为他们迟到了（迪士尼门票可不便宜）。然后，他们会根据你到达的时间进行检索，发现你的车就停在“冥王星停车场的第 15 排”。此时你的心中往往会涌起一阵阵的感激之情。

这个简单而有效的系统让客户感到非常兴

奋，而且还能节省宝贵的工作时间，并且能毫不费力地重复使用。

第二个案例是讲奥林匹亚家具公司的。奥林匹亚家具公司是一家令人惊叹的公司，它位于爱丁堡和格拉斯哥。这家公司不仅生产与出售优质的家具，而且工作人员还会像上帝一样来接待你。在那里购物是一种享受，即使你不买东西，他们也乐意为你服务。但是，他们也遇到了一个问题。

大部分家具都是手工制作的，从订单到交货需要 12 周的时间。兴奋的顾客会爱上一件漂亮的家具，并得意地下订单。但是，这个时候他们会被告知，“这可能需要 12 个星期才交货。”你可以想象一下，一旦客户下了订单，他们一般想要什么时候拿到货物？对的，马上就拿到，或者尽可能快地拿到。奥林匹亚家具公司优秀的员工经常会说：“这将是值得等待的。”是的，的确值得等待，但是客户仍然会在心里想：“我现在就想要。”

所以，在学习了雷达思维之后，他们意识到这个问题永远不会消失，除非他们开始生产预先包装好的低质量的产品。但是，他们绝对不会这样做。

他们发现主要问题出在客户的等待时间上。

他们评估了能够解决这个问题的所有想法，并让公司的每个成员，包括送货和后勤人员都参与进来。

他们决定把这个等待变成一个特色，实际上就是把它融合到销售中去。

于是，他们采取行动，编写了一个说明手册，要所有的工作人员与客户解释，一件优质的家具需要更长的时间去制作。他们会向客户解释，在他们的订单被确认后会发生什么，比如，皮革会在意大利染色；木材也会用特殊的工艺来加工抛光，这些过程都是急不来的。他们还会解释说，家具在运输过程中可能会遭遇到外力的损坏，交付团队必须在经过最后的检查并确保没有问题之后，才能最终交货。

在测试这个战略之后，他们继续加以完善，向顾客充分展示了为什么它“值得等待”，因为这是奥林匹亚公司保持产品质量的重要环节。

第三个案例是我的朋友尼古拉告诉我的。尼古拉打电话给我说：“戴森吸尘器公司也在运用雷达思维。”我从来没有与他们合作过，我确信他们不会称其为雷达思维，但他们的想法却是如此简单和经典。

尼古拉的戴森吸尘器坏了。用了 3 年都没有发生故障，现在终于坏了。下面你能明显地体会到雷达思维的过程：第一，她马上在吸尘器上找到了求助热线的号码（因为我们一般不会保留使用说明书）；第二，她打电话的时间是在星期六晚上，仍然有人在线接听她的电话。因为人们无时无刻不在使用戴森的产品，所以热线电话在任何时候都要有人接听，并为客户提供相关建议。经过一个快速诊断，可能是电机烧坏了。一个维修工程师马上会派过来，而且不管发生了什么故障，你最多需要支付 50 英镑的费用。

维修工程师准时到达，看上去很聪明能干。吸尘器的问题果然出在电机上，他很快更换了一个电机。他还更换了电线，因为看上去有点老化。还安装了一个新插头，因为原来的那个有点裂开了。过滤器也换了一个新的，整个机器看上去焕然一新（当然，尼古拉还是按照电话里说好的，付了 50 英镑）。

然后，这位维修工程师问尼古拉是否知道如何清洗过滤器，她是否每隔半年清洗一次过滤器。这个时候，雷达思维真的启动了。他得到的回答是“不知道”。事实证明，电机烧毁的最大原因就是用户不清洗过滤器，你确实应该每隔半年清洗一次。所以，他教尼古拉怎么把过滤器取出来、怎么清洗、怎么更换过滤器。

接着，他问尼古拉有没有电脑，帮她打开戴森网站，在上面注册了她的用户信息，这样可以每隔半年就收到一封电子邮件，来提醒她要清洗过滤器了。因为这样可以更好地帮我们记住要做的事情。

另外值得一提的是，在她注册的时候，还收到了一个九折的优惠券，她最终购买了一个价值 60 英镑的产品！

诀窍 28
打造出色的服务

我曾经见过乔纳森 · 艾维（Jonathan Ive）先生。很抱歉我提到他的名字，虽然我很欣赏他，但你们可能听说过这个名字，也有可能根本就没有听说过。但是，如果你使用过的 iPad、iPhone、iPod，或其他的系列产品，你就会接触到这位乔纳森 · 艾维先生和他的团队。正是他把我们与这些无生命的产品不可思议地连接起来，让我们内心不由自主地发出这样的呼声：“我想要，我就是想要，我必须拥有它。”

苹果能设计出最优秀的科技产品，这并不令人感到意外。整个团队的人在设计上花费了大量的时间和精力，力图让产品不仅外观惊艳，而且简单易用。

我们都知道，往往一个最不起眼的简单设计都是通过大量的辛苦工作换来的。我们也知道客户希望越简单越好，但是很少有人愿意花时间去为他们设计出简单而精湛的服务。

在与数百个机构合作过之后，我已经看到了很多设计创新的五星级服务的做法。这些做法的层次有高有低。在这个过程中，很多公司一开始就表现得非常兴奋，他们热衷于参与“远程”会议和头脑风暴。然后，他们就会觉得自己在市场上已经非常知名了，只要一提到这个产品大家都能想到我们。接着，他们还会去找一些外部顾问，这些顾问乐于收取巨额的咨询费用。他们往往会一本正经地问顾问们：“好吧，告诉我，你是怎么看的？”

这种做法的成本很高。如果你想少花一点钱也行，但是你用一星级的预算能做些什么呢？

时装设计师韦恩 · 海明威（Wayne Hemmingway）曾经给了我一些建议。不要误会，这不是时尚方面的建议。几年前，我的女儿决心要成为一名设计师，所以我问韦恩是否能给她一些建议。

他的第一个问题就是：“她自己会做衣服吗？”她是不是仅仅沉浸在幻想当中，她做好了吃苦的准备吗？她是不是已经超越了基础素描的阶段，开始创造出一些东西了呢？他的下一条建议是，她应该给我做一件衬衫，或者做一些衣服卖给她的朋友们。这些是一个 13 岁的孩子做的事情吗？他说，是的。

通过这次讨论，我得出了一个结论。如果你真的想进入一间著名的时装设计学校，除非你已经制作和销售衣服有 5 年时间了，你才会获得一个非常有力的推荐信。

我经常说，实践出真知。在你设计出色的服务时，也是如此。

仔细想一想。你可以拥有世界上的所有理论知识，但是，只有到你真正去尝试应用它们的时候，你才会知道它们是否真的有用。

20 世纪 30 年代末，为了使汽车驾驶更安全，汽车工业领域进行了第一次“撞车测试”。大约 70 年前，玛丽 · 瓦特（Mary Ward）成为有记录以来的第一位汽车事故的受害者。她是被表弟在实验蒸汽动力汽车时撞死的。有趣的是，玛丽 · 瓦特的曾孙女就是女演员拉拉 · 瓦特（Lalla Ward），她曾经与饰演时间领主的汤姆 · 贝克（Tom Baker）结婚，但现在又嫁给了著名生态学家和进化生物学家理查德 · 道金斯（Richard Dawkins）。不好意思，我像比尔 · 布赖森（Bill Brysonesque）那样跑题了，让我们再回到正题上来。

以前，研究人员无法进行足够的测试，所以认为不一定是汽车驾驶上的缺陷导致了车祸。一开始，他们用尸体来测试。在发明出碰撞实验假人之前，他们还用过动物和志愿者来进行测试。

现代化的碰撞实验假人能够测出所有的数据，于是聪明的设计师可以利用这些信息来设计生产出更安全、驾驶更轻松的汽车。

那么你如何才能设计出世界一流的服务呢？下面列举了七个要点，你可以从这个简单的过程开始着手。

1. 明确你的需求。如果你没有一个明确的目标，你怎么能知道你是否可以达到预期目标呢？

2. 让大家一起参与进来。设计出一个你自己的公众咨询调查表，然后认真听取大家的意见。你不必把所有的建议都记下来；如果你不断地去打断别人，人家很快就不愿意再与你分享看法了。

3. 做两堆卡片。一堆卡片上写上“会出错的事”，另一堆卡片上写上“必须做对的事”。

4. 把这些卡片发给你的团队成员，让每个人都有机会去做那些“必须做对的事”，消除“会出错的事”。

5. 把卡片排起来，展示出服务的流程。这里应该充分展示出相关性、优势和潜在的弱势等诸如此类的问题。

6. 带着下面三个问题，反复运行这个流程：

（1）客户感觉如何？

（2）我们感觉如何？

（3）我们如何做得更好？

7. 一旦你制定出“服务路线图”，就要明确每个人在指定区域内的责任（在这个区域内，还需要做更多的工作），以及发生的时间节点。然后，还要定期改进这个系统。

通过训练你的雷达思维并反复运行服务流程，你会发现许多潜在的挑战。

额外提示

当你在运行你的服务流程的时候，可以用上一些金色的星标。如果流程中的某一个环节超出了客户的期望，你可以贴上一个星标。我们的目标是每个流程至少要获得五个星标。

诀窍 29
搅局者和英雄

这是一个有趣的游戏，你可以用来训练一个团队，让他们了解和改善你的客户服务。这个游戏中，你需要下面这些道具：

- 一堆 A6 纸大小的卡片；
- 笔；
- 一些彩色的毛线；
- 一些“搅局者”和“超级英雄”的图片。

我非常喜欢“从中作梗”这个成语。它非常直观形象地表现出客户服务是如何发生问题的；一部精密复杂的机器在精确流畅地运行着，突然有人把一个笨重的大扳手扔了进去，机器开始哐哐作响，金属碎片四处飞扬，蒸汽和烟雾喷得到处都是，随后整个机器就停止运转了。

我也喜欢“你是大英雄”这句话。当有人站出来拯救了一切，或做了一些不同寻常的事令大家感到快乐的时候，人们常常用这句话来称赞他。

接下来，我教你怎么来玩这个游戏。

第一步，要确定一个客户服务的项目。在这个案例中，我们假想你为一家销售体育赛事门票的公司工作，而你正在销售温布尔登网球半决赛的套票。

第二步，规划出客户服务体验的过程，然后让团队把每一个步骤都写在一张A6纸大小的卡片上。只要你愿意，你可以尽可能多地记录下其中的细节。在我们的这个案例中，可以写下八个步骤：

1. 批量购买40张体育赛事的门票；
2. 在报纸的体育版投放广告；
3. 组织一些人来接听电话，并提醒他们，广告将会刊登在Z日的Y报纸上；
4. 接听来电；
5. 向潜在客户介绍套票；
6. 客户购买门票；
7. 信用卡付款；
8. 门票邮寄给客户。

这个过程看起来非常简单。你可能希望加入更多细节。一旦所有卡片都填写好，就可以用毛线把它们串起来了。现在，就让我们真正来享受一下这个游戏的乐趣吧。

先把人分成两组，根据人数多少设一两个裁判。然后，抛硬币决定哪个队当“搅局者”，哪个队当“英雄”。“搅局者”队的每个成员都会得到一个“搅局”卡，英雄队的每个成员则会拿到的两张“英雄”卡。

然后，“搅局者”需要决定从什么地方开始“从中作梗”。我们的想法是要从客户的角度来创建一个具有最大的负面影响的场景。然后，他们打出一张“搅局”卡，放在他们想影响的某个环节上，并解释其中的原因。裁判员要裁定这个行为是否公平及是否具有现实意义。

于是，在我们的这个案例中，我们决定从第三步开始搅局。假设那些指定接听电话的人没有被告知在报纸上做广告的事情，也没有提醒他们在哪一天会刊出。“搅局者”解释说，这会引发混乱，因为人们打进来的电话比平常多得多，但是他们不知道这是因为客户看到了广告而造成的正常反应，于是就会造成极大的压力并产生消极情绪，这些都会反过来转嫁到客户身上。对于“搅局者”来说，这正是他们期待的一个真实结果。

接着，“英雄”们必须决定如何使用他们手中的两张卡了。

第一张卡用来解决问题，第二张卡用来增强系统效能。

因此，他们可能会选择使用第一张卡来解决问题，要求员工保持灵活的态度，并且培训一些员工，让他们掌握多个技能，以便于在遭遇意想不到的繁忙的时候，他们也可以接听电话和手机。第二张卡必须用来增强当前系统中某个环节的效能。他们可能会选择提高目前环节的效能，确保这样的问题不会再次发生。或者，他们可以选择加强另一个环节，比如投入两套客户服务电话，一套用来确认客户已购票和告知预计寄达的日期；另外一套用来在赛事后，搜集客户的反馈并预告他们可能感兴趣的其他赛事。

一旦每个队都打出了自己的卡，就可以决定哪些项目将会成为机构运作方式的真正组成部分了。

请记住，这个游戏的最终目标是英雄获胜。

惊叹于细节

通常，人们会像在现实生活一样来玩这个游戏。一个好主持人会密切观察人们在游戏中的反应，并且就每个有争议的事项展开讨论。

诀窍30 供应商也是客户

这与价格有关。不是吗？嗯，既是也不是。我们都想要一个好价钱，但我还没有遇到任何人，愿意牺牲掉优秀的服务来换取那一点点额外的折扣。但是，事实上人们都在这样做。他们总是在财务上、情感上、习惯上与供应商斤斤计较。

请记住：

任何一个与你打交道的人都是你的客户。

这说明你的供应商同时也是你的客户。而且，你对他们怎么样也会对你的其他客户造成巨大的影响——要知道这些客户是为你买单的。

在多年的商业经历中，我确信我们已经找到了一批致力于出色服务的优秀供应商。我感到非常幸运。我虽然不知道他们对其他客户有多好，但我深知他们给予我的服务有多么出色。我知道，这是因为我一直在努力帮助他们成为优秀的供应商。下面是我们一直以来所做的努力。

★ 邀请他们参加我们的活动。

★ 亲笔给他们写感谢信，对他们提供的出色服务表示深深的谢意。

★ 向其他公司推介他们。

★ 邀请他们参加圣诞聚会。

★ 把我的书赠送给他们。

★ 在业务通讯上介绍他们。

★ 在我们的网站上放置他们的友情链接。

★ 与他们一起共进午餐，讨论我们面临的挑战。

★ 与他们分享未来的计划，并听取他们的建议。

★ 按时结账。

要发挥这些供应商的最大优势，这与让你最忠诚的员工发挥出最大的效能是一样的。如果你想创造一个优秀的五星级服务经验，一定要拥有出色的五星级供应商，这是必需的。

有些机构会收购新公司，或者招聘新员工。他们这么做的唯一目的就是降低成本。我真为他们感到纠结。如果你雇用了一个员工，他的唯一职责就是改善你和供应商之间的关系，提高他们的忠诚度和服务水平？你还会认为，要在那里节省所谓的成本吗？

这会有用吗？肯定有用。我知道，如果我们的电脑和网络出了问题。**KF Datawright** 公司的诺尔曼和尼尔马上就会赶到，努力去修好它，而且会加班工作或在家里解决你的问题。不仅仅是小企业可以做到这一点。我们与汇丰银行有着很好的合作关系。而且我还会继续为培生公司写作，这不是因为他们是世界上最大的出版商，而是因为他们与我建立的这种关系，可以使我更好地把我的思想传递给我的客户。

下面有一个简单的方法来检查你与供应商之间的关系，帮助你加以改善。

1. 创建一个客户列表。供应商们可能会寄送发票，这就是一个很好的线索。通过这些发票，你可以把他们找出来，然后打印出来。

2. 看看这些供应商都给你提供了哪些商品和服务，再问问你的同事，然后把这些记下来。

3. 让他们知道。去拜访他们，或者给他们打电话，也可以搞一场供应商的活动。

4. 保持联系。尤其是在他们表现优秀的时候，一张感谢卡、一张生日卡或者一件小礼物都可以产生巨大的影响。

5. 按时结账。如果你不能按时付款，一定要与他们沟通好，告诉他们原因和下次付款的时间。

6. 如果你找到一个更好的供应商，你要在更换供应商之前，与现有的供应商谈清楚。或许，这也是一个好理由让他们再给你让点利，也许他们给的价格更好。

诀窍 31
化无聊为神奇

在你与客户互动的过程中，哪个环节会比较无聊呢？是填写表格？是等电话，还是排队？即使是最令人兴奋的商业模式也会有让客户觉得无聊的时候。最经典的就是排队了。

没有人喜欢排队。排队不仅浪费时间，还会让你感到紧张。下面是我的觉得最紧张的五种排队情况。你看看是否同意我的看法。

1. 让你一直等电话，却不知道要等多久。
2. 在超市排队结账。
3. 在站台上排队等车——尤其是在你还没有订位子的时候。
4. 归心似箭却不得不在机场排队登机。
5. 在国王十字火车站排队等出租车。

怎么做，才能让你的客户的排队体验更愉快呢？

1. 提前通知客户需要排队。如果人多要排队，要提前通知客户。让他们对这个即将发生的现实情况有个预期。

2. 让他们有事可做。主题公园在这方面就做得很好，经常会在最后30分钟的等待时间里给客户提供新的体验。

3. 投入更多的资源。总经理以下的员工是不是都可以拿起电话，接听客户服务的电话呢？

4. 娱乐。在等待接听电话的时候，电话里面的录音是最沉闷无聊的。播放几段笑话或者一些有用的信息，不是很好吗？

5. 给客户一个真诚的道歉或感谢他们的等待，不也是很好吗？

然而，除了排队之外，世上还有很多无聊的事情。比如，填写表格、排队加油、在候车室等车、看着屏幕等着电子邮件下载。这些都是很无聊、很沉闷的。但是，你又能如何改变这些呢？

这并不需要买什么昂贵的平板电视，或者搞什么特效。我们可以从最简单的开始。

前几天我去给车加油，抬头发现服务员正盯着我看。我冲她微笑着挥挥手，她仍继续茫然地盯着我看。

我转过身去，看看身后是不是发生了什么更有趣的事情，可是什么也没有啊。在这种情况下，她应该怎么做呢？

挥挥手，给我回一个愉快的笑容？是的，那将是非常好的三星级服务。或者，如果她先向我挥手，或者竖起大拇指，或者简单表达一个谢意，又会怎么样呢？这就是我们的四星级服务。要是想达到五星级服务，你要怎么做呢？

下面有几个想法，可以让你化无聊为神奇。这些想法，有些可能适合你；有些可能需要调整；有些可能完全不适用于你的领域，但我相信他们会促使你去思考。

★ 在公交车站播放音乐。

★ 在停车场排队时，搞一场幸运抽奖活动。

★ 在接待处放置一些最新的、有趣的、干净的阅读材料。

★ 在下载期间，给客户提供机会，让他们可以赢得免费软件。

★ 用一段喜剧演员的表演作为等待电话接听的录音。

★ 在表格上添加一些令人鼓舞的提示，比如说，“快完成了”“最后一页了”“你做得很好”。

★ 培训员工，教他们一些非语言交流的技巧，然后使用它们。

★ 每个星期一，都在通勤火车上为购买月票的乘客举办一场免费的抽奖活动。

最大的窍门就是不断去尝试。

没有人喜欢漫长的等待。排队已衍生出许多段子。你经常会听到：“我们很抱歉，所有的线路都很忙，请稍候……”这真的会让人崩溃的。

所有的客户心里都有一个“时钟”，在排队的时候，在点餐的时候，就开始滴答作响。一旦这个时钟开始滴答作响，在人们心中的闹铃关闭之前，就不仅仅是时间的问题了。

丽思卡尔顿酒店和苹果公司运用创造性的方法来重置客户心中的时钟。

如果一个服务员发觉你在丽思卡尔顿餐厅等得太久，他们就会去厨房，给你拿一些免费的餐前点心。只要这些美味的零食一到，你就会眼前一亮，你就会微笑，并且感觉自己受到了重视。这时你心里的时钟也会被重置复位。你又可以再多等 5 分钟了。

在苹果商店，如果你的预约在天才吧被推迟了，工作人员会建议你在等待期间尝试一项新技术。直到轮到你的时候，再来找你。

店里所有的苹果设备都开着电源，连着互联网，随时都可以使用。这时你心里的时钟重置复位，你可能就不会太在意多等待几分钟了。

谁也不能告诉你，哪个想法真正有效，除非你运用了它并从中汲取了教训，收获了成功的经验。每当你尝试过一个想法，你就会提高你的胜算概率，而且能往前迈进一小步，化无聊为神奇。

诀窍 32
系统化流程——个性化定制

调制一杯莫吉托鸡尾酒要多长时间呢？在伊比萨的蓝色金枪鱼海滩俱乐部酒吧的员工只需要不到 30 秒的时间，海滩上的其他酒吧可能则需要 4 分钟。如果每杯酒的价格一样，都是 14 欧元，你会去哪个酒吧呢？

我在撰写这一节的时候，曾在这间酒吧度过了一个愉快的下午，同时做了一番研究。我想知道，酒吧员工的工作情况：他们如何应对客户的特殊要求，如何让客户感到惊喜，还能财源滚滚。

现在我们在回头从客户的角度来考虑它。在伊比萨，8 月是一个繁忙的旅游季，像蓝色金枪鱼海滩俱乐部这样的酒吧可以吸引上千位游客。这些游客在烈日的暴晒下个个饥渴难耐，都想美美地喝上一杯，然后再回到海滩上享受阳光。

员工们知道这些游客最喜爱的饮料是莫吉托鸡尾酒，而且也知道一天能卖掉多少杯。所以，在第一个客户到来之前，他们就提前做好了调制莫吉托鸡尾酒的准备工作。他们准备了数百杯的青柠、红糖和薄荷。他们知道这些原料的保鲜期，而且很完美地规划好时间。接着，他们设计和布置了酒吧，让所需要的一切都能随手可得。最后，所有的材料都以高于普通标准一到两倍的量储存起来。他们手边的朗姆酒永远不会用完，因为在还剩下四五瓶酒的时候，酒吧助理就会帮他们换上新的酒。冰块也是提前制好，存储在吧台中心的位置，方便员工取用。酒吧团队的每个成员都有自己的调酒用具，所以在其他同事们调酒的时候，他们也不需要站在旁边等待。最后（而且最重要的是）他们看上去都做得很开心。

这些提前准备好和规划好的环节可以节省大量时间，每一环节节省的时间从几秒钟到一分钟不等。这些节省下来的时间都传递给了客户。

我们再比较一下沿路的其他海滩酒吧。当你走进去的时候，他们都是从头开始——如果这只是在太阳落山后，你悠闲地去酒吧与吧台酒保聊聊天的话，这也许是非常好的。但是，这里还有别人，里三层外三层地围在吧台前，每个人都想尽快喝上一口。当你听到前面的人说“请给我 4 杯莫吉托鸡尾酒”时，周围马上就会发出一阵叹息。他们的朗姆酒用完了，要等到他们的伙伴搅拌好才能去取酒。而且，每个员工看上去都十分恼火。

蓝色金枪鱼海滩酒吧实现了这个常规流程的自动化，并且用这样一种方式提高了客户的满意度。每个人都喜欢节省时间，甚至来伊比萨度假的游客也不例外。那么，这里最明显的问题就是，你怎样来运用自动化系统，让你的客户感觉更舒服？

★ 你们的网站有常见的问题吗？

★ 你们会彼此谈论最常见的挑战吗？

★ 你观察过你的竞争对手们是如何运行他们的系统的吗？然后取长补短，引以为戒吗？

★ 你可以减少客户的等待时间吗？

所有这些想法看上去都很简单，但并不容易实现。这些都需要你投入大量的时间、精力和资源。然后，一旦你找到了适合你的超级系统，也不能就此觉得万事大吉、放松警惕——事实上，你必须随时准备叫停它，因为它并不总是正确的，也不会总是有用的。

最后，客户们还想知道，为什么你就不能在这个系统之外为他们做点儿其他事呢？

让我们再回到蓝色金枪鱼海滩酒吧的案例上，看一看如果有客户提出特殊的要求，他们该怎么办？好吧，根据我们的五星级服务精神来做一个研究，我要了一种鸡尾酒（做研究真是个艰苦的工作）。这一次，我要了一杯少放糖、多放薄荷的鸡尾酒。没有问题，吧台员工称之为“特别的酒”。他们花了超过 1 分钟的时间来调制，这也没有问题。但最让我难忘的是，当服务员给我端出那杯低糖多薄荷的鸡尾酒时，给我插上了一支与众不同的吸管，并笑着说：“特别的酒给特别的你。”

客户喜欢的服务流程是高速的、简单的和便捷的，但从来没有把这个当作不提供特殊要求服务的理由。

我希望，我能在下一个调研旅行中再去一趟蓝色金枪鱼海滩酒吧，看看他们是否继续改进了他们调制莫吉托鸡尾酒的系统。

诀窍 33

保持清洁卫生

干净只是还不错。

没有污点才是五星级服务。

我是在火车上撰写的这一节内容的。火车又大又宽敞，有数百个座位，每小时能跑 100 多英里。我坐在头等舱，但是我从来不认为这是一个理所当然的特权。如果你得知车票的价格，你一定会和我一样感动得潸然泪下。但是，这里仍然存在一个问题，就是有点脏。桌子上残留着上一位乘客落下的面包屑，窗户上也有不明的污点，还有警卫——哦，对不起，应该是检票员——的指甲。是克里斯汀告诉我的，她说，她在 50 步之外就看到了他指甲缝中的脏东西。

这样的感觉非常不好，不是吗？我有个朋友曾经因为发现他座位上的小桌子脏兮兮而下了飞机。他的想法是，“如果他们用这样的态度来对待桌子的话，你想想他们又会怎样去维护飞机引擎呢？”

还有更糟糕的。我的朋友汤姆就是因为销售员穿了一双脏鞋子，而放弃了购买那辆价值 50000 英镑的豪车。

还有一个非常著名的故事。时任沃尔特迪士尼公司首席执行官的迈克尔 · 艾斯纳（Michael Eisner）正领着一批国际管理人员参观“魔幻王国”。他走到街的对面，捡起地上的一块垃圾扔到了最近的垃圾桶里。有人建议他让下面的工作人员去做，他却回答说：“保持迪士尼的洁净是每个人的责任。”

这个故事我听过很多次，但是有一点我认为，他们一定会在每次游览之后去处理大家留下的垃圾，他才可以做到这一点！

围绕你的产品或服务周边的卫生水平一定要达到清洁无瑕。

不是觉得好就行了，也不是留给下一个人来做，更不是什么“明天会更好”。我说的就是现在，一个清洁无瑕的现在。

我说的是你和你周围的环境。你只有一次机会给人留下好的第一印象，而且客户在切实体验你的服务之前，首先会用眼睛作出判断。

下面列出的八个问题，你必须要注意。

1. 好好在镜子里打量自己。然后，老实告诉自己，觉得这么样？还有什么地方需要改进？

2. 检查你周围的环境。看看你的办公楼入口处干净不干净？我知道保洁并不是“你的工作”，但它也不是迈克尔 · 艾斯纳的工作吧。

3. 关注容易脏的地方。去看看厕所干净不干净？如果连你都觉得不干净，你觉得客户们又会怎么想呢？

4. 注意墙面、标识和文具。如果这些东西肮脏不堪，你的客户会下意识地把这些与你的产品和服务联系起来。

5. **不要忽略气味**。如果政府的公共停车场可以清除和改变那些在场地周围所充斥的难闻气味的话，他们的工作就会做得更为出色。然后，至于你周围的环境，你要好好想想该如何去做？

6. **整洁**。大家要把物品摆放整齐，最好还要讲点风水。

7. **双手洁净**。咬得参差不齐的或者肮脏的指甲，脱皮和被烟熏得发黄的皮肤，对于个人服务来说，绝对是个噩梦。

8. **体味清新**。不要有口臭、狐臭和脚臭。如果你认为自己身上有体味的问题的话，那么你得找机会发现这一点。如果你担心自己可能有口臭，你恐怕是最后一个发现它的人。如果你觉得自己有点脚臭的话，很可能需要你把脚抬起来才能闻到！你需要找一个诚实的人来告诉你（有时候你也可以告诉他们），自己是否有这些给鼻子带来困扰的体味。

诀窍 34

神秘购物者

如果你能负担得起（也许即使负担不起），我建议你考虑使用神秘购物的服务，来帮助你提升服务水平。这项服务可以帮助你：

★ 从服务过程中脱身而出；

★ 确定问题发生在什么地方；

★ 找出哪些地方你还做得不错；

★ 测试你的服务系统；

★ 改善你的销售情况；

★ 与你的员工一起开展相关培训。

基本思路很简单。你先找一家从事“神秘购物者”业务的公司，然后简要地介绍你的目的。他们会到你的机构去购物、吃饭，或者打电话给你的机构，然后再根据你最初的要求做出相关的反馈。其实，就是这么简单。

你需要有一个非常明确的目标，就是你究竟想从一个神秘购物者体验中得到什么。你必须找到一个与你志同道合的人。

特勤服务公司（不是那个特情局）就是一家这样的“神秘购物者”公司，它专门负责优化整个服务流程，让整个客户体验变得更加愉快，更有教育意义，从而能创造更多的利润。这家公司的创始人琳达•伊斯特伍德（Linda Eastwood）向我解释说，通过与合适的“神秘购物者”公司合作，对公司的业务会有很大帮助，可以提高你的销售额，提升员工的忠诚度，而且可以尽可能多地找出你在哪些地方做对了，哪些地方做错了。

当我与她会面时，她很想打破一些关于“神秘购物者”的神话。下面我选了一些给大家讲讲。

神话之一：不要把你请了“神秘购物者”的事情告诉你的员工，这样你才会得到真实的反馈。这么做到底合不合适？

为什么他们不能知道你聘请了“神秘购物者”呢？难道你不相信他们吗？因为一旦他们发现你“派间谍进来”，他们就不会相信你了。

神话之二：如果你让员工知道了，他们会在“神秘购物者”到来之前，就开始提高自己的服务水平，这不是事与愿违吗？

现在你的客户服务已经在提高了，这不就是你的目的吗？

神话之三：请一家“神秘购物者”公司真的很好，因为如果是别人发现他们做错了什么，那就不是我的责任了。

但这是每个人的责任。在服务培训、服务系统和投资层面上，你可能必须要面对一些难以接受的事实。你做好准备了吗？

神话之四：它不会挫伤员工的士气吧？

这在很大程度上取决于你如何对待这个经历。用一种卑鄙狡诈的方式，专门去挑员工的错，那么你可能会打击到他们的士气。如果你把它变成一个令人愉快的经历，对做得对的员工进行奖励，那么员工们可能就都会希望遇到“神秘购物者”了。

神话之五：我们只是做个小生意，所以我会请我的朋友或家人来帮助我。

经营小公司的人经常犯这样一个大错，就是让他们的朋友和家人去做“神秘购物者”。然后，我们的朋友会认为，他们正在帮我们一个大忙，于是从墙纸的颜色到电话铃响几声再接，每一件事情都要提出批评。结果就是，你的幻想破灭了，朋友也认为你的公司非常垃圾。

如果你不能请一个专业的公司来做，那么让你所属的贸易组织的成员来做，行不行呢？你可以给他们回报，但请记住保持积极的态度。

“神秘购物者”与其说是要去挑员工的错，不如说是为了更多地去发掘他们哪些地方做对了。

5

第 5 章

疏导负面影响

你会犯错，你会把事情搞砸，也会给一些客户带来困扰。与其总是担心掉进鳄鱼嘴里，不如学会怎么逃出生天。

诀窍35

投诉是一个闪光的机会

对你来说，投诉是值得珍惜的。你应该尝试去喜欢而不是去讨厌那些投诉。在这一节里，我会告诉你五大理由。

你应该尝试去喜欢那些投诉，因为它们实际上是提供了一个机会，让你化险为夷，从错误中汲取教训，并做得更好……但是，前提是你得知道如何去做。

理由之一：你知道了问题

忽视问题的存在，会导致客户的不满。忽视一个问题，并不意味着问题就会解决，反而会让问题不断的滋长和蔓延，直到最后你就会觉得失去了控制。

知道服务中的问题是解决问题的第一步。是的，这会让你感觉有些不舒服，尤其是在你的责任范围之内的时候；是的，你希望你没有听到过，如果你特别关心你的客户的话；是的，你会感到尴尬，尽管你的确应该为此感到尴尬。但你不要沉浸在这些感受中不能自拔。你要知道尴尬不会改变任何事情。这就是我要告诉大家第二个理由的主要原因。

理由之二：你有机会去弥补

即使是最好的五星级服务倡导者有时也要一个理由去督促他们，才能够完全明白这个道理。如果你对同事说："我们已经就此问题被投诉了，谁来解决这个问题？"那么就会使问题变得非常直接。毕竟，你不想就一个同样的问题被投诉两次。是吧？

当你收到投诉时，要想办法创造一个动力和意愿去解决问题。这是一个非常好的做法，它会激励你（和你的团队）采取行动，克服拖延症。

下一步就是结束这种循环，让你的客户知道你已采取行动。你要打电话给他们，感谢他们的投诉，表达你对他们的关爱，然后解释你采取了什么措施来解决这个问题。一般来说，客户们接到这样的电话会非常开心的。

理由之三：保持警惕

有时候我们也需要保持警惕。是的，你可能面对的是一个"职业投诉者"。你知道这种人只是想通过投诉来获取免费的东西。但如果你认同我的观点，99% 的人都是好人的话，那么你就需要与其他投诉一样，严肃地处理这种来自"职业投诉者"的投诉。

天知道他们可能会投诉什么。试想一下，如果你的客户服务文化做得非常好，即使是"职业投诉者"在享受服务的过程之外，也挑不出什么毛病，那不是很好吗？

然而，要时刻保持警惕，可能只是需要你鼓起勇气，动动手指，在客户服务上采取一些积极的行动。

理由之四：从中学习

或者我应该说，我希望你能从中学习。投诉可以使机构经历几次大起大落。然后，时代的变迁，新员工的到来，工作方式的改变，而且，在你知道它之前，同样的问题还会再次发生。

编一本“投诉和解决方案手册”是非常容易的事情。这与公共投诉簿不一样。公共投诉簿是一个疯狂的想法。为什么你要营造这样一个氛围，向客户（和员工）宣布“我们期待你的投诉”呢？不，这本手册要保存在你的后台，用来与同事分享发生了什么问题；问题是如何发生的；你又是如何解决它；最重要的是，要明确该怎么做，这个问题就不会再发生。

理由之五：好在他们告诉了你

比起告诉他们的朋友，告诉了你不是更好吗？大多数人在遇到问题的时候，不会投诉。至少他们不会向你投诉。相反，他们却会向朋友、邻居、家人，任何人去抱怨。如果幸运的话，你可能会通过二道消息听到这些投诉。你希望他们向你投诉，但他们并不会这样做，所以你也没有办法知道。但是，他们还继续到处去讲他们的悲惨故事。

所以下次当你听到投诉的时候，就会更加容易接受了。因为在你的思想背后，你会这样去想：“嗯，至少让我知道了，我还有机会解决它。”“这给我一个警醒，我可以从中汲取教训！谢天谢地，他们告诉了我，而不是其他客户。”

最后我要提醒你的是，投诉可能会刺痛你的心，但你会解决它。然而，一个负面的在线投诉或评论或许永远无法消除。

诀窍36

盲区

每个餐厅都有一个盲区，每一个商店、每一架飞机、每一个网站、每一个客户体验都会有一个盲区。在这个区域里面，客户们以及他们的问题和要求根本不被发现。

位于纽卡斯尔的VIVO咖啡厅是我最喜欢的一家餐厅。它离我的家很近，饭菜做得非常可口，服务也很棒的。我已经带着家人、朋友去过很多次了，甚至一些商务应酬我也安排在那里。他们从来没有让我失望过。

但是，有一天发生了这样一件有趣的事。我们来到这家餐厅坐下来吃饭。我们开始浏览菜单。一边流着口水，一边准备点菜。我们等啊等啊，一直没有服务员过来。因为我不习惯太久的等待，在服务员过来点单的时候，我略显尴尬地向他们招了招手。

前面的开胃小食非常不错，但是等主食上来的时候，我们想多要一些饮料，不想这个问题又发生了。最后还是要我招手，服务员才走过来。

很明显，这个问题来源于，我们所坐的位置是在一个“盲区”。在餐厅的这个盲区里，用餐者不太容易被服务员看到。但是，因为我们很熟悉这家咖啡厅，知道他们的服务是很好的，所以这件事并没有影响我们当天进餐时的心情，他们在我们的情感账户已经存入了足够多的存款，这么一点问题也就无伤大雅了。但是，真正的问题是，在我们向他们指出这个盲区之前，他们还一直被蒙在鼓里。

在“盲区”这个问题上，我们要警惕的是，不是说你不想去解决它，而是你可能根本就不知道它到底在什么地方，有可能到处都是盲区。它们可能存在于：

- ★ 你的网站导航上；
- ★ 你申请表的问题的措辞上；
- ★ 货架的布局上；
- ★ 定价策略的误导上；
- ★ 你的软件故障上；
- ★ 不了解你团队成员的态度上。

那么，你如何才能识别出你的盲区呢？在你发现之后，又该怎么办呢？

这就需要你的客户愿意给你提供帮助了。但是，只有当你采取了正确的方式来询问他们时，才能达到好的效果。如果你只是问："今天一切都好吗？"你从客户那里得到的答案就是："一切都好。"甚至他们感觉不好的时候，也会说"一切都好"来敷衍你。

那么，在得到"一切都好"的回答之后，你再尝试问一个更好的问题，会怎么样呢？比如说，你可以接着问："谢谢你，我们还有什么地方需要改进呢？"

关于这个问题，我们在诀窍19"关注沉默的客户"中讨论了很多。你可以回过头去再仔细学习一遍。

发现盲区的另一个方法就是不断地测试，不断地观察，然后采取行动和检查结果。

大多数人只是做一点点的测试，进行少量的观察，或者很少或根本没有采取行动，更不会去检查结果。你不应该属于这些大多数人。

电脑游戏设计师经常会雇用游戏测试员进行游戏内测，让他们在一段时间内疯狂地玩游戏，粗暴地运行游戏中的场景，然后监测结果。

如果你也这样测试你的系统，它能挺得住吗？测试在不同的时间内所做的事情，测试员工的位置，测试速度、布局、视线高度。事实上，你可以测试一切。

尤其是对企业主而言，认真观察自己的公司通常被认为是一种奢侈的想法。你们都患有这种作为领导常有的、典型的毛病，就是花费了太多的时间在如何管理公司具体事务上，而不能跳出来好好地、高屋建瓴地观察和思考公司的发展。

如果你在经营一间酒吧，你要去观察顾客的行为，注意他们喝酒的频率，倾听他们的要求，了解他们的需求。这样做，你会觉得舒服吗？我敢肯定你会感觉很舒服。但是，你可能并没有在经营一间酒吧，那么你能不能在其他方面找到这种感觉呢？

现在，就从容易的部分着手，行动起来吧。

诀窍 37

客户总是正确的——不

在业界有一句老话，“客户永远是正确的。”这是真的吗？当然不是。客户总会犯错误的，有时甚至会给你和你的机构带来伤害。在那些场合下，你需要知道如何去应对。

我儿子还在上大学的时候，经常在周末和节假日去一家当时非常有名的零售商那里打工。这家零售商推出了一项售后服务，如果你对产品不满意，可以在购物后的 16 天内无条件退货。我们就此讨论过很多，有一次，我们讨论到，如果超过了 16 天，客户还要求无条件退货，而产品本身又没什么问题，他们只是改变了主意，货物放在家里的时间长了一点，超过了 16 天。

如果你把广告上的 16 天无条件退货的政策搁置一边，给在 17 天、18 天或 19 天再来的客户依然执行无条件退货的政策，这能算是五星级服务吗？我可不这么认为。这个机构制定了一套非常明确的方法，而且执行得非常成功。然而，最为重要的是，你用什么方式来告诉客户，在这种特殊的情况下是无法享受无条件退货政策的。

他们最不愿意听到是“这是公司的政策”或者“这个政策不是我制定的，我无法改变规则”之类的话。

但与此同时，你必须清楚地告知客户，这是一个规则，我们必须遵守规则。有时候，会有客户耍小聪明，利用机会，找空子来退货。而且，他们还将继续这样做下去。你一定听说过一个成语“得寸进尺”。

那么，你如何才能让客户知道你不是一个“容易对付，有求必应的人”，同时又能让他们感受到五星级的服务呢？

我相信，这需要你与客户做好沟通，既要明确地告诉客户公司的政策，也要让客户感受到善解人意，同时也要注意你说话的声音和语调，要显得坚定和不可改变。在你上学的时候，是不是有老师会吓唬你，如果你在星期三上午不交家庭作业，就要好好揍你一顿？你是出于恐惧才去交作业的吗？你可能不喜欢这样的老师，但是你会按他说的去做。或许，也有老师虽然会要求你按时完成家庭作业，但如果你没有完成也无所谓？我打赌你一定很喜欢这个老师。而且，我敢打赌，总会有一两个老师（这样的老师的确太稀少）会要求你在星期三上午就完成家庭作业，你不仅做到了，还喜欢这位老师。

他们拥有什么样的特殊魔力呢？可以既让人按照他说的去做，又让人心平气和。我认为，他们坚信自己所做的事情是正确的，而且采取了合适的方式。所以，如果你必须向客户传达一个他们可能不愿意听的消息，首先你要确信自己所说的话是正确的，然后采取一个礼貌而坚定的方式告诉他们。如果他们仍然不喜欢你说的话，那么请直接跳到诀窍 40“难缠的客户是你最好的朋友”。

在这里，我们需要区分开自信和自大。当你充满信心的时候，在大多数情况下，你会表现出一定的风范和气度。这会让你看上去魅力不凡。

人们都喜欢自信的人，也喜欢被这样的人引领。

千万要小心的是——自大与自信只有一步之遥，过界就会令人反感。

在这里，我们面临着一个挑战，就是当你“试图”有信心的时候，你可以很容易地表现出自大。请注意这个关键词“试图”，自信需要成为你个人的自然品性，而不是努力装出来的。那么，你该怎么做呢？

要了解你的工作。有两种方法可以让你达到这一点：一个是研究它，还有就是不断去做。当你在工作方式、产品、方法和系统上成为一个专家时，你就会自然而然地变得更加自信。如果你坚持这样做，就会取得越来越大的成果。每当你学会使用一种工具或技术时，工作就会变得更容易；工作变得更容易，你就会变得更加自信；你越自信，你就越能掌控自如。

有时候，我们很难一蹴而就，但这里还是有一个捷径。在下一节中，我们要讲到三个最强大的词汇。我会通过这三个词汇来告诉你们如何去做。当你能够正确使用这三个词汇时，你恐怕就能化解任何情况，还能按照你的方式来调整客户的思维方式。这三个神奇的词汇是：

感受；

感到；

发现。

认真阅读下一节和我们这一节的开头，你能学会如何在许多麻烦的情况下使用这些神奇的词汇。

诀窍 38

感受，感到，发现

“感受，感到，发现”是三个非常神奇的词汇，也是我听过的最好的“感情调整”技术。它们非常有用，也很容易被记住。这种技术能够很好地帮你掌控住快要失控的情况；你可以保持镇定，然后让人们按照你的模式来调整思维方式。下面我就来告诉你原因。

想象一下这种情况。你不得不倾听一个客户的抱怨，而你又对此无能为力。你可以很容易地说，“很抱歉，这是公司政策规定的，我无能为力。”你要知道，不管你是怎么惹恼了客户，反正拿“公司政策规定”来搪塞的话，客户肯定会表示不满。

为什么“感受，感到，发现”会如此有用，原因就在这里。

让我们先从“感受”开始。谁会不喜欢一个与自己有相同感受的人呢？这是一个非常好的即时与客户的感受发生连接并调整的方式，而且同时还能表现出你对客户的同情之心。接下来，你要学会如何在一句话中使用这个词汇，“我很抱歉让你有这样的感受”或者“我可以理解你的感受”。

现在我们来看看“感到”这个词。这是一个功能非常强大的词，因为它可以做到两件事。看来，你是从历史的角度来评论这种情况。这表明你具有经历过这种情况的经验。最后，我们再来讨论“发现”这个词。

“发现”可以让你成为专家。

当人们说有所“发现”的时候，通常意味着他们已经做了大量的工作和研究，而且已经获得了一定的研究成果，比如已经发现了一个事实，提出了一个解决方案或答案。当你与客户一起分享你的发现的时候，你既可以充分展示出你的专业知识，也可以在感情上表示同情。可这不是两全其美吗？

“感受，感觉，发现”是一个非常有用的方法，可以帮助你打破与客户之间的障碍和隔阂，按照你的模式来调整客户的思维方式。下面我举几个例子，来说明在实践中如何具体运用它。

客户：“你的意思是说，你们整整要花两周时间才能交货？我觉得这太荒谬了。”

你：“我能明白你的感受。两个星期看上去的确有点长。我在这里工作之前，也有同样的感觉，但是你知道我发现了什么吗？因为我们所有的产品都是直接从制造商那里订购的，所以我们总是能够确保交付给客户的是最新的型号。而且我还发现，如果我们囤积大量的产品，就无法用最低的价格向客户提供最新型号的产品了。我们发现大多数客户都愿意用最优惠的价格来购买最新型号的产品。”

或者，

客户：“这是我第三次不得不打电话给你反映同一个问题了。在每次电话中，我都能遇到一个新的客服代表，一遍又一遍地重复这个问题。”

你：“我能理解你的心情，你一定感到非常沮丧。如果换作我，把这个问题重复解释了三遍，我相信我也会有同样的感受。但是我发现，如果我直接从客户那里听到问题发生的细节，我就能更清楚地理解问题，可以更快地解决问题，这比对着电脑屏幕上读一些问题说明要快得多。”

最后，让我们返回到上一节。如果有客户已经超出了那个已经非常慷慨的退货政策的时间范围，但是产品还没有损坏，却要求来退货，你该怎么办呢？

客户：“我要把这个产品退了。”

你：“非常抱歉，你的产品已经超出了我们16天的客户满意保障政策的期限，我们不能给你退货。”

客户：“太糟糕了，才刚刚到18天。过了两天有什么不一样吗？”

你：“我能理解你的心情，你可能会为此感到不快，其他客户也会有同样的感受。但我们发现，我们的客户满意保障政策在这个商场里已经是最优惠的了。而且，我们还发现，绝大多数客户都能在16天内来商店退货，对这项政策他们觉得很满意。”

最后一点想法：

如果你不确定这会对你有用，那么我非常明白你为什么会这样想。事实上，在我真正尝试这样做之前，我也有同样的感受。但是，一旦我测试了这个理念，我发现它运行得非常出色！

诀窍39

说实话，我根本不在乎你的问题

在我们居住的小镇上新开了一家餐厅。餐厅里面装修得很有品位，氛围也很有格调。在小镇上，它可以算得上是最高档的餐厅了，还有不少城里的客户慕名而来。在家门口有这样一家精致的餐厅真的很不错。

要知道，有时想去这样的知名餐厅吃顿饭，你可能要花上几个星期的时间去预约排队，于是我们决定避开开张当天和随后一个月的繁忙期。因为等待，所以当到了我们预订的那晚时，我们真的是充满了期待。

除了餐厅的装修还算漂亮之外，那一晚简直就是一场灾难。白葡萄酒非常贵，却是常温的；菜也很贵，却做得很难吃；而且员工也没有得到很好的培训。在这个艰难的晚上快要结束的时候，我们发现有朋友就坐在旁边，于是我们就坐过去，和他们一起喝了一杯睡前酒。他们的经历与我们相似。然后，幸运的是，餐厅的一位老板走到了我们的桌子前，问我们这个夜晚过得怎么样。这对于我们来说，真是一个可怕的时刻：你要做出一个选择，你是为了让别人感觉更好，而说“一切都好”呢？还是告诉他们大实话呢？

我们选择了实话实说。这位女士听了后，点了点头，表示理解我们的心情，并感谢我们给了她真实的反馈。她说，希望我们能给他们第二次机会，以后还会来这家餐厅就餐。

我们很高兴，觉得自己的话被她听进去了。

在走出餐厅的时候，我们又遇见了餐厅的另一位老板。我们再次被询问，今天晚上过得怎么样。这一次，我们建议他和他的同事谈谈，因为我们刚刚和她都谈过了。但是，不行，他坚持要我们马上就告诉他，而且还要非常详细。他听完之后，摇了摇头，然后又继续给我们讲了他遇到的一大堆的问题。他抱怨酒的供应商，责备他的员工（有些人还只是十几岁的孩子）。然后，他给了我们的一个非常经典的借口。他解释说，他本来是有“两个厨师”的，但是有一个在今晚出去过情人节了。

在那一刻，我已经不在乎他为什么有这么多问题了。我更感兴趣的是他打算怎么处理这些问题。

对这个小伙子来说，这是一个道歉的绝佳机会。他要是给我们一个友好的手势，并向我们保证，下次再来的时候，肯定会给我们一个惊喜，说不定我们还会成为“好朋友”。他可以在我们的情感银行账户里面存上一大笔钱，而不是把一大笔钱从里面取走。就和那几百个离我们开车很近的餐馆一样，我们决定再也不会去光顾那里了。

他怎么做才能改善我们的客户体验呢？下面列出了“该做的”和“不该做的”的注意事项。

不该说（做）的事项

★ 我们的系统停机了。

★ 我试过了，但是……

★ 我们的人手不够。

★ 我们已经很忙了。

★ 我们不能这样做，因为……

★ 我们的政策是……

★ 我们的规定是这样的……

应该说（做）的事项

★ 谢谢你的反馈意见。

★ 我们会认真听取客户的意见。

★ 我们会听取你的意见，努力提高自己的服务水平。

★ 我会补偿你的。

★ 我确保，让专人来处理你的反馈，我们都会从中汲取教训。

★ 我现在就要给你一个意想不到的惊喜，来赢得你的信任。

那么，你就开始让他们惊喜吧！

诀窍40

难缠的客户是你最好的朋友

你的工作已经做得很好！你已经竭尽所能，把一切都做得非常完美。但是，不幸的事情还是突然发生了，一位难缠的客户出现在你面前。你知道他们是这样的人：他们会在你那里花上几个小时的时间。他们会不断地问那些听上去很愚蠢的问题，他们会不断地改变自己的想法。无论你怎么做，都无法取悦他们。

在弗尔蒂旅馆，傲慢的老板巴兹尔·弗尔蒂（Basil Fawlty）擅长用一种独特的方式来对付这些难缠的客户。他会对他们大声尖叫和咆哮，有时甚至会把他们赶出去。他会用同样的方式来对待他的员工，而我们看到了就会拿此嘲笑他。当一位难缠的先生和女士再次出现在你面前时，会把你的生活变得像噩梦一样糟糕。这个时候，你可能会有一个很大的冲动，像弗尔蒂那样去对付他们，但是你不能这样对待你的客户。尽管你会感到被侮辱，但是你不能那样去做。

一般来说，难缠的客户来找麻烦一定是在你与他们愉快的沟通之前发生了什么不开心的事情。因为，很少有人会针对某个特定的人做出如此令人愤怒的事情，他们会充满偏见，从不为别人考虑。这种类型的客户已经从那个不幸被安排来处理这些问题的人的情感银行账户里提取了一大笔存款。

那么，你该怎么做呢？

首先，你要认真去倾听。人们都喜欢被倾听，而那些难缠的人尤其喜欢被倾听。因为他们的意见通常很少会被人听到，所以对付这些难缠的客户，倾听有时候不失为一剂良药，可以让他们感到舒服一些。不管你怎么做，都不要听那个荒谬的建议——与难缠的客户保持眼神接触。当你持续与别人保持目光接触，沟通的双方都会感到相当地不安。实际上，最好的方法就是一边听一边点头，在适当的时候复述关键性信息，表示你已经了解了情况，并且在整个过程中，要把你的头稍微偏向一侧。

这些都很有用，但是能表示你在认真倾听的最好的办法还是记笔记。

令人惊奇的是，当你记笔记的时候，人们就会明白你在关注他。在大多数情况下，我们真的需要让难缠的客户相信，我们正在关注他。

其次，要设身处地地理解客户。

这当然会很困难。你可以尝试这样说："这真是太可怕了！""我真的很抱歉！"然后给客户提出一个如何解决问题的建议。通常，差劲的客户服务人员最后总是会问："那你想要我们怎么做呢？"千万不要这样说，因为这样说带有一种敌意，往往会使情况变得更糟。作为一名专家，你应该确切地知道在这种情况下你能做些什么。你可以在客户有机会告诉你他们喜欢怎么做之前，给他们提出几个建议。比如，“你想更换产品吗？”然后接着说：“或者现在我能为你做些什么？”

但是，如果他们只是需要发泄一会儿呢？那么就让他们发泄好了。有些人需要超强的存在感。当这些人出现在你面前的时候，你就让他们发泄一下，让他们好好地刷存在感。一定要记住，你绝对不能受到他们这些消极情绪的影响。事实上，如果你知道如何去做的话，你完全可以把它变成一个充满正能量的时刻。

你可能会觉得自己不必为别人的问题承担责任，尤其是当你觉得自己已经竭尽所能，来确保客户能享受到五星级的服务体验的时候。你要保持冷静和放松，让一切尽在掌控之下。这听起来有点疯狂，但不要紧，你可以做个深呼吸，如果你停下来，你很快就会感受到压力。保持创造性和以解决方案为导向的方式，确保你在这些压力的面前，做出正确的事情。

额外提示

下次你真正遇到一位棘手的客户时，即使你知道你没有做错什么，他们还是会得寸进尺；即使你听明白了他们的诉求，表示了同情，并且提出了两个解决方案，也给了他们提出自己的解决方案的机会时，如果他们仍然得寸进尺的话，那么你就需要采取行动来保护自己了。

想象他们裸奔的样子，看着他们变得越来越小。在心中，你要想象着用一个奇怪的、尖锐的、异样的声音对他们大喊大叫。这是最后的防御，可以用来保护你，让你远离别人的消极情绪，也可以缓解你的压力。

惊叹于细节

做好下面三件事情，可以让你顺利地应付坏消息：

1. 真心实意地道歉；
2. 提供积极的解决方案；
3. 跟进，确保客户满意。

6

第 6 章 领导力课程

要成为一名服务领域的领导者，你不一定非是一位老板，但是如果你是老板，你最好具备优秀的服务领导力。

诀窍 41

谁不想与丹尼机长一起飞

你工作努力，事业一帆风顺。恭喜你，这是你应得的。但是公司的高速发展会不会让你远离客户呢？你担心过这种情况吗？你应该为此做点什么吗？如果答案是肯定的话，那么你该怎么做呢？

很简单，向佛兰纳根 · 丹尼（Denny Flanagan）机长学习。他就是一个很好的榜样。

安东尼 · 威廉（Anthony Williams）向我介绍丹尼机长时说："迈克尔，如果你要写有关客户服务的书，你必须要提到佛兰纳根 · 丹尼。丹尼机长是一位德高望重的飞行员，他长期在美国联合航空公司效力。他拥有丰富的飞行经验，在执行航班任务的时候，他只要负责开好飞机就行了，不需要像机舱乘务人员和地勤人员那样直接参与客户服务的工作。但事实上，他让所有的机组成员都参与到照顾客户的工作中去。他为我们提供了一个个很好的案例。

我听了丹尼机长的故事后，感到非常兴奋。为了能了解更多的情况，我写信给他，问他是否愿意加入我们的项目！他给我回了信，我摘录了部分内容与大家分享。

亲爱的赫佩尔先生：

感谢你的来信。我在谷歌上检索到了你，你取得的成就让我印象非常深刻。我会接受你的建议，这有助于传播我们的思想，让大家都知道如何去友好地对待别人。

如果员工能够意识到他们的回报就是来自那些走进我们舱门的客户的话，那么早上他们会更积极地来上班。我是自下而上地开展这项工作的，效果不断蔓延开来。我们真的迫切需要这些员工来满足我们的客户需求。我们已经建立了这样的纽带，而且我们的组织也在日益扩大。

在服务行业，成功的秘诀非常简单。预测客户的需求，然后提供超出他们预期的服务。我总结了一些工作理念，这些年来已经被证明是行之有效的了。

要像这是他们第一次乘机飞行那样去对待每一位客户，我以身作则，这有助于激励机组成员做得更好。当其他工作人员看到我帮忙放置行李，帮助妈妈推婴儿车，不厌其烦地解答客户疑问时，他们仿佛也回到了自己还是新员工的那段日子里。

留住老客户比开发新客户更容易。美国联合航空公司有一个专门的销售团队来负责开发新客户。这是一项费时费力、成本昂贵，但又非常必要的工作。相对而言，我的工作就显得更加容易，成本也更低一些了。我的工作就是要提供一个安全的并以客户为导向的服务。如果我做好了本职工作，那么销售部门的人就会减轻一些压力。

我采取一系列的想法来连接我的客户。在我的大脑中有一个工具箱，我把这些想法都放在了这个工具箱里。我的想法在不断增加，工具箱却永远不会变得更重，但我的工作却变得更加容易了。

多年来，我一直坚持给头等舱的旅客和乘务员写感谢信。感谢客户选择乘坐我们的航班，感谢员工们通过自己个人和专业的努力，让我们所有人都感受到美国联合航空公司的优异服务。我也会随机给经济舱的客户发20张卡片。

我非常喜欢丹尼的这些想法，但是最吸引我的还是下面的这个想法：

一到周五和周一，飞行航班的乘客就会多以商务旅行者为主，他们通常会选择坐在的过道或靠窗的座位。许多乘客只能坐在中间，他们会感到很不舒服。坐在窗口和通道座位的客户会占用中间的扶手，在接下来的几个小时的飞行中，你可能会不断地与他们进行争抢扶手的战斗。你的邻座甚至都不会与你说话，因为这可能会暴露出他友善的一面，而不得不为你让出扶手。

我最新的工具（想法）是试图从心理和物理空间这两个方面让客户感觉到中间座位变得更加宽敞。大约两年来，每逢周一和周五，我都会给坐在中间座位上的客户写一封信。当空姐俯下身子对你说，“赫佩尔先生，我们机长有封信给您。”这时有两件事会发生。从心理情感上说，你会觉得座位变大了，因为你受到了机长的重视。从物理空间上说，你的座位也变大了，因为你的邻座也会向左右两边挪开一点，因为他们想了解你，想成为你最好的朋友。现在，在接下来的飞行中，你就有两个扶手可以休息了，而且他们也都乐意与你交谈。

哇！谁想与丹尼机长一起飞？

我！我！我！我知道你们中的大多数人都不是开飞机的，但你们会在哪些类似的方面可以让你的客户感到惊奇，受到重视和喜爱呢？

去年我收到了丹尼机长的一封电子邮件。信中说，那天晚上他将在伦敦停留，希望我们有时间见面。即使我住在离伦敦 300 英里的小镇上，我也会跳上一列火车，乘上飞机或搭电梯赶过来。碰巧的是，我正好住在一家离他只有 5 分钟路程的酒店里。

也许我不应该这么说，但是与丹尼机长的会面确实有点令我紧张。我一直把他当作一个完美的楷模，认为他是一个身居高位，却始终在基层提供世界一流服务的榜样。

然而没什么好担心的。丹尼是一个极富魅力的人，他说话生动有趣，有很强的亲和力。他告诉我们他的工作，并分享了更多的精彩案例。

其中有两个案例深深打动了我。

有一次，他驾驶着飞往英国的航班。当他在跑道上做起飞前的安全检查的时候，他看到一个地勤人员弯腰捡起了一片垃圾。

他立即离开机舱，冲下台阶。当他走近这个地勤人员的时候，丹尼注意到对方迅速地把自己的名牌遮盖起来。丹尼这么做，只是想感谢他把垃圾捡起来了；“作为一名飞行员，你知道这些碎片会造成什么样的问题”。

丹尼问他为什么要把他的名牌遮盖起来，这位地勤人员的回答成为他（还有其他人）每天所要面对的挑战。“当我看到你向我走过来的时候，我猜我一定是有麻烦了。除了这个原因之外，像你这样有身份的人是不会下来和我说话的。”

丹尼感谢他捡起了垃圾，感谢他成为这个团队中的一员。并且，坚持要知道他的名字，要在他的老板那里表扬他，称赞他是一个非常棒的团队成员。

下面这个案例更是令人感动。

在机长丹尼召开飞行前小组会议的时候，他总会询问机组成员，飞机上有没有“无人陪伴的未成年人”。如果有，丹尼就会给出了一个严格的指令。

“我们要确保他们有最好的飞行体验。一路上都要提供 VIP 服务。你能告诉我他们的名字和联系电话吗？我要从驾驶舱打电话给他们的父母，让他们知道孩子已经安全登机，将会有一次愉快的旅行。”

我的妻子问丹尼，他的机组人员有何反应。他说，“克里斯汀，我并不想让他们哭，但你知道，机组成员听到这句话的时候，他们的眼睛都湿润了。”

谁不想和丹尼机长一起飞呢？！

惊叹于细节

如果你觉得这样还不够好，那么请读一下他给我写的信的结尾：

迈克尔，统计数据表明，你每收到一个表扬或投诉，后面还有 100 个人打算做同样的事情。收到你从另一片大陆寄来的信，我感到非常高兴。这让我知道，我所付出的努力正在全世界传播。真的非常谢谢您。

丹尼机长

330-×××××（这是我的手机号码，如果你对美国联合航空公司有任何疑问，请拨打我的电话，希望我能帮到你。）

哇噢！真的非常精彩！

诀窍 42

抬起你的头

你喜欢猫鼬吗？在过去的几年里，这种动物已经从以往的默默无闻变成了如今最受人们欢迎的哺乳动物之一。他们看起来很可爱，体重不到两磅，喜欢群居生活，吃蛇为生。

但你知道猫鼬会像我们人类一样去教它们的幼仔吗？据科学家观察，他们会向幼仔演示怎么做，鼓励他们学着去做，指出他们的错误，然后再鼓励他们不断地提高。

你知道吗？猫鼬不能在自己体内产生脂肪，这就意味着他们每天都必须吃到新鲜的食物。而且，因为自身肉质鲜美，所以它们在觅食的时候必须非常小心，以免成为其他动物的猎物。

从可爱的猫鼬身上，我们能学到什么呢

猫鼬的生活与我们的五星级服务是不一样的。

也许，在猫鼬的社区里，最有特色的成员就是那位“瞭望员”了。它主要负责两项任务：发现危险和寻找机会。它会始终保持“抬着头”的姿势，

这使它绝对不会错过任何风吹草动。

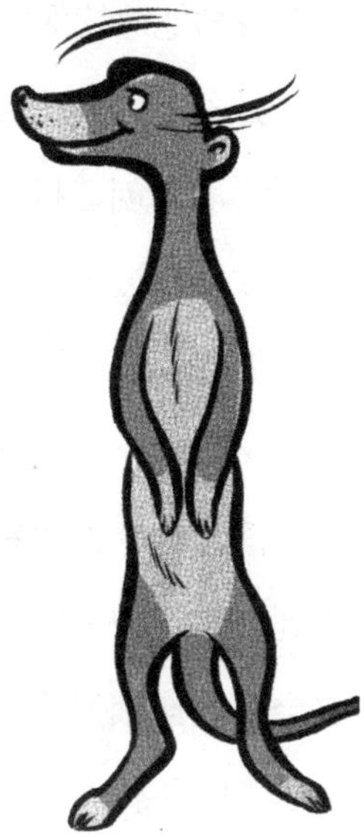

在这里，我要问你一个重要的问题，你必须诚实地回答我。你在工作中是“抬着头”还是“低着头”的？

在工作中，你会轻易地低下头，从而失去许多为客户服务的机会，甚至错失解决问题的机会吗？

接下来，我要介绍，如何运用“抬着头”的方式来改进我们的服务系统。下面我们来玩一个游戏，享受其中的乐趣。

游戏指南

打印一堆上面印有猫鼬图案的卡片。越可爱越好。

然后给团队的每一位成员都发两张卡片。

在接下来的7天里，你的任务很简单。你必须把你手中的两张猫鼬卡发给两个同事，然后告诉他们，为什么你认为他们已经使用了“抬着头”的方法。

这听起来很简单，但隐藏在这张猫鼬卡背后的、需要我们去探究的是它们究竟如何发挥作用的。

首先，你要创建一个迷你的文化氛围。在这里面，尽管只有一个星期的时间，同事们都在积极寻找别人的优点。花点时间想一下：整个机构都专注于寻找积极的正能量，而不是去消极地相互挑毛病，这会是一个什么样的氛围？

接下来，当一张卡片发给别人的时候，收到卡片的人会被告知得到卡片的理由。或许，有些人多年来一直做着同样的工作，可他们自己从来没有意识到它。也有可能，他只是偶然这样做了一次，但卡片能让他意识到，并且可以鼓励他继续保持下去。

那么，几天后，有没有人一张卡也没有收到呢？我们一起见证了团队成员不断地去创造机会发出一张张卡片，并且告诉别人他们做了什么而得到这张卡片。在过去，他们可能过于谦虚，不愿意与大家一起分享，所以现在这一切都充满了正能量。

我们曾经与英国国民保健系统的医院信托基金合作运行这个系统，得到的反馈非常令人振奋。有时候，一些病房的护工偶尔会迟到。把病人从病房送到手术室是一件非常重要的工作，但是一些护工总是会迟到几分钟。当然，这会造成连锁反应。你可以想象下，如果一个手术团队都穿戴整齐，做好准备了，但是病人却还没有到，这会是怎样一个场景？

这个时候就可以用上猫鼬卡。

当护工早早地赶来把病人送去手术室的时候，病房里的护理人员可以给他一张猫鼬卡，并说上几句感谢的话。

仅仅过了几天，护工就开始早来了，他们微笑着问："我能拿一张卡片吗？"

于是，只用了一张小小的猫鼬卡，就节约了大量的手术时间。同事们也更开心，但最重要的是，病人得到的服务被大大改善了。

要像猫鼬那样思考问题。它们总是在寻找机会与发现危险，你也应该这样做。

诀窍43
雇用服务专家

要是想招聘到一位拥有出色服务精神的员工，有时仅凭常规的招聘方式是远远不够的。

我记得以前在美国看过一档名叫《富贵险中求》(*The Rebel Billionaire*)的电视节目。这个节目与《飞黄腾达》(*The Apprentice*)差不多。在节目中，理查德·布兰森（Richard Branson）要找到理想的人选来替他运营维珍公司的部分业务。在第一集中，来自美国的16位年轻的人，个个都睁大了眼睛，准备接受任何挑战。他们抵达伦敦后，每四个人分成一组，坐上黑色出租车上。一个摄制组跟踪拍摄到他们钻进了出租车，然后，在他们根本不知情的情况，出租车上有一个秘密的摄像机记录下他们前往布兰森家的整个旅程。

到目前为止一切顺利。你能把它搞砸了吗？你能吗？要知道，在这个时候，你甚至都还没有进入面试的环节。

第一件事他们就根本没有注意到。当这位年迈的出租车司机费力把他们的行李箱放到车上的时候，他们停下来帮忙了吗？他们没有，事实上一些人就站在旁边，甚至都没有人帮女生提箱子。

接下来就是他们在出租车上的谈话了。出租车司机怂恿他们谈谈对理查德爵士的看法，但令人惊讶的是，他们毫无顾忌地与一个完全陌生的人分享了他们的看法，好的坏的都敢说。

他们到达布兰森的家之后，在客厅里充满期待地等待着与理查德爵士的会面。他们保持安静，尽量表现出冷静和专业。毕竟你只有一次机会给人留下好的第一印象。

当他们看到从里面走出来的不是理查德爵士，而是那位年迈的出租车司机的时候，不由得惊诧地张大了嘴巴。这位司机挺直了身子，扯下脸上的假鼻子，改变了说话的腔调。是的，你猜对了。这位出租车司机其实就是经过精心化妆过的理查德 · 布兰森爵士。

理查德爵士还让他们看了一些视频剪辑，视频里面记录了他们到达机场之后的所有行为，有些人的行为真的让人脸红。还有一个人把自己弄得像个白痴一样，我看他可以打道回府了。

当招聘服务专业人士时，你必须首先考虑他们的价值观和态度。

技能很快就能学会，但是态度和价值观需要更长的时间来培养。我想你们应该知道我所指的态度（或品格）和价值观包括：活力、礼貌、关怀、干净、守时等方面。

下面是一个简单的网格图。在你第一次遇到一个人的时候，它可以帮助你决定这个人是否适合你的五星级服务文化。通过简单的 1 ~ 10 的评分来做决定，虽然这不能说是最科学的方法，但是通过这个方法你可以找准他们在图表中的位置，从而发现自己的宝藏。

我认为，实际的面试过程很简单。主要是因为在面试中，你的内心几乎肯定会在最初的几分钟内就做出决定，然后你会用剩下的时间来证明你的决定！

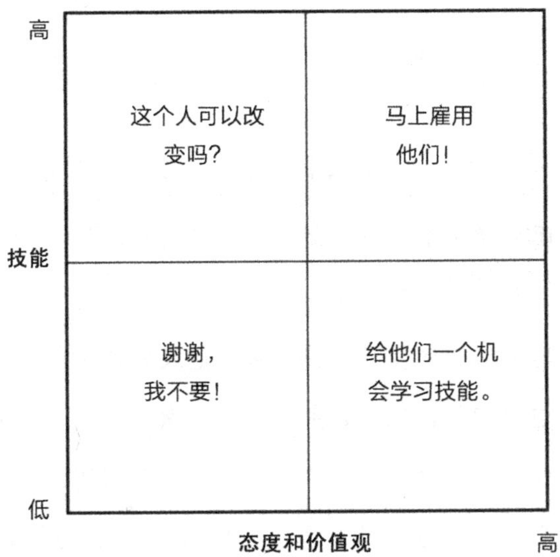

人力资源专家可能不这么看。我们看看丽兹 · 麦克吉文（Liz McGivern）在面试服务人员的时候，主要看重哪些方面。丽兹 · 麦克吉文是红色康乃馨酒店集团的人力资源总监。

首先，我不会说不要相信你的直觉，因为有些人的直觉确实很准！我会说，不要仅仅依赖直觉！我们还可以运用一些稍微科学一点的方法。

1. 当你在进行面试的时候，特别是在你第一次与他见面和握手的时候，要问问自己，这位面试者具备什么样的人生观或态度？（面试者在与你目

光接触的时候，微笑自然、友好吗？或者表现得外向吗？对这份工作感兴趣吗？）

2. 这些都是关于这个人如何与你的客户相处的重要信号。所以请记下来，看看你能否想象出他们为你工作的场景。请记住，即使他们很紧张（在入门级别的职位上，你可以在一定程度上容忍这种紧张），你看到的仍然是他们最好的一面。如果你对这些品格方面要求降低的话，你也许就会妥协。

3. 问过去实际发生过的问题是有用的，但是你必须根据记忆中实际发生的情节来判断面试者的答案，而不是所谓的“教科书”式的答案或假设的答案。对于专业服务职位而言，我想问的问题是，他们如何处理一个爱抱怨或者可能已经愤怒的客人。到底发生了什么事？他或她说了什么使客人平静下来？客人是如何回应他们的，他或她主动帮客人做了什么？结果怎么样？有些人会立即把问题交给他们的主管，不会主动去解决问题。另一方面，你可能还会听到一个精彩的故事，面试者是怎么想的，他们往往会做出各种各样的事情，让客人高高兴兴地离开。

4. 在面试服务职位的时候，我会问一些其他的问题，可能会提出一个不同寻常的要求，看他们如何来处理；有时候他们不得不在最后一刻改变想法；有时候他们不得不打破政策或程序（或者至少要更为灵活一点）来提供更好的服务；提供他或她最好的销售服务；有时候他们要把消极的情况转变成积极的状态。答案都是基于面试者经历过的实际情况，这对你很有帮助而且富有启发性，可以让你看到这些人将来会有什么样的举动。

5. 最后，只要有可能，就邀请他们参加实习，一天，一上午，或者一小时都行！这是一个潜在的雇员和雇主双向选择的过程。我还要再次提醒你，作为雇主，当他们与你在一起的时候，你看到的始终是他们最好的一面。

所以，无论你是一个专业的招聘人员还是一个需要兼职员工的人，在招聘过程中，你的直觉都是最重要的。忽略了它，你可能就会退而求其次了。

诀窍 44

个性化，鼓励自我表现

我选择乘坐飞机不是为了满足我的虚荣心，这只是因为它可以让我更方便快捷地在两地穿梭。所以廉价航空公司——易捷航空（EasyJet）在我居住的城市开通航线的消息着实让我兴奋不已。我父亲曾经对我说，“做生意，省钱比赚钱更容易。”（如果你用一个深沉的、语重心长的父亲式的腔调来模仿这句话，听起来就更完美了。）

在易捷航空从伦敦飞往纽卡斯尔的航班上，我有了一次从未有过的最好的经历。为什么要这样说呢？功劳要归于西蒙。西蒙是一名空乘，也是那种你非常想招募来为你所用的人——哪怕只是为了纯粹的娱乐价值。他把沉闷的 45 分钟旅行变成了一次难忘的经历。他是怎么做到的呢？

从我们踏上飞机的那一刻起，西蒙就以一种与众不同的方式来欢迎每一个人。他蹲下来向孩子们问好，他还向两位日本商人恭敬地又略带幽默地鞠了一躬。当我登机的时候，他对我说：“我很想帮你拿包，但你看起来比我健壮。”

但是，西蒙一拿起麦克风就完全进入了自己专业的状态。广播里传出了一个美妙而活泼的声音，向乘客宣布："欢迎乘坐易捷航空的飞机，本次航班飞往纽卡斯尔队的主场。"大多数乘客都发出了一阵欢呼，尽管有一或两个乘客唉声叹气。紧接着，他又快如闪电地补充道，"别担心，我们也会到达桑德兰队的主场。"（桑德兰是一个距纽卡斯尔 15 英里的大城市。两地的足球队在英超联赛上都非常有名。）

他接着说："请把所有的物品都放在头顶的行李舱里。当我们起飞时，唯一可以放在地板上就只有你的脚和地毯，"下面这句话是我最喜欢的，"请关掉所有电子设备，尤其是手机，因为手机会干扰飞机的导航系统。我们今晚要做的最后一件事就是要从卡莱尔机场起飞。"

飞机离开地面后，乘务员就推着放满饮料的手推车走出来，西蒙给每一位乘客都提供了一份"自选鸡尾酒"。坐在我旁边的人问他有没有"椰林飘香"。"没问题，先生。但它可能尝起来有点像啤酒和奎宁水。"机舱里再一次爆发出哈哈大笑。

当我们降落在纽卡斯尔机场的时候，西蒙也上演了他精彩的压轴好戏，来了一场莉莉·塞维吉风格的欢迎致词。他说得太好了，我不得不记下来。你可以脑补一下，用那种很硬的利物浦口音说出来，可能会更像一点：

"嗨，女士们先生们，欢迎来到纽卡斯尔。在飞机完全停稳，指示灯熄灭之前，请不要离开你的座位。我会看着你的。打开头顶上的行李舱取物品的时候要小心，因为着陆的时候他们会因震动而移动位置。今晚的纽卡斯尔有点阴冷潮湿——因为天气变化的原因，所以亲爱的，在你下飞机的时候要格外小心，阶梯可能会有点滑。在离开飞机的时候，请确保带走你的所有随身行李。如果你还是落下了东西，也不要担心。因为我和女孩们会在星期日上街扫货，我们正在寻找一些额外的战利品。我们知道，你一定查询了很多家航空公司。我真不敢相信你选择了易捷航空。但是，你既然选择了易捷航空，我就要代表所有的乘务人员向你表达诚挚的谢意。”

然后，机舱里爆发出了一阵热烈的掌声。这是有史以来第一次不是因为感谢勇敢的飞行员在灾难中拯救了飞机而获得的掌声。

西蒙出色地用自己的幽默为飞机上的每一位乘客都创造了富有魔力的梦幻时刻。从本书的第一版开始，大量的模仿这个故事的视频就出现在了互联网上。你会是下一个吗？

你不必和西蒙做的一样。

但是，我们要看一下他做了些什么，有哪些是我们可以做到的。

1. **了解你的客户**。在登机的时候，西蒙用了一种不同的方式来欢迎乘客。

2. 了解你的产品。很明显，这些机舱通知他已经广播过很多次了，而且他也知道在什么时候广播什么内容。这会给他极大的信心去添加一些有趣的内容。

3. 当地（或者专业性）知识。他知道那些住在大城市里的人的专用称呼；他知道英超中纽卡斯尔队的声望很高，他知道推车上有什么饮料。

4. 让每一个人都参与进来。独乐乐不如众乐乐。

5. 幽默。难道你不喜欢开怀大笑吗？

诀窍45

修复小组

你还记得以前电视里有一档讲家庭装修的节目吗？在节目中，他们会重新装修房间，整理花园，有时候还会翻新老人住的小屋？

现在一切都改变了。正如我所写的，如果你打开电视频道，你很快会发现这些房屋修复、整修和改建项目都发生了革命性的进步，现在的装修已经达到了一个全新的水平。

我最近在看美国的一档名为《改头换面》（*Extreme Makeover*）节目。在节目中，他们仅用一周的时间，就在那里为一个退伍老兵建造了一个全新的5间卧室的房子，建起了1间能抗飓风的乡村礼堂，翻新了50间房子，改建了一所学校。

另外，电视上也有《修复达人》（*Restoration Man*）和《宏大构想》（*Grand Designs*）这样的节目。那些勇敢的DIY爱好者们会花费5年时间，用掉5万英镑的预算，将一座废弃的有轨电车棚改造成悠久的家（顺便说一句，他们总会超出预算）。

修复服务

如果你的服务有污点，一个商店的业绩不佳，区域总部被投诉，或者酒吧得到差评，那么你就要做出一个选择。

你可以采取一种 DIY 的方法；每次做出一些小的改进，希望能够积少成多，最后达到极致。

实际上，中庸一些可能更好。

接下来，我们好好研究一下电视里的改造模式，看看如何运用到你的生意上。

***1.* 确定需求**。在电视节目中，房主是被挑选出来的。你可不能等着被选中。你知道问题出在哪里。你的客户满意度调查的分数已经告诉你了，你的直觉也告诉你了，这些都不会向你撒谎。

***2.* 没有惊喜**。电视节目里喜欢把房主带到托基去度周末，这样的话，当房主度假回来看到一个崭新的花园的时候，就会感到异常的惊喜。你不是在上电视，所以忘掉这个场景。我们的规则是——没有惊喜。你要让相关人员知道，你和/或精英团队将与他们在一起度过几天/周/任何时间。当你（或你的精英团队）第一次造访的时候，就要进入状态，体验流程，并在工作环境中与工作人员会面。

***3.* 按意愿行事**。在电视节目中，他们总会邀请一个家庭朋友/同事/子女来参与节目。一般来说，正是他们选择了这位房主。他们还将讲述一个房主是如何了不起的背景故事（配上动情的音乐）和他们的妈妈是如何地为此骄傲。两分钟后，他们穿上工作服，拿起油漆刷子。然后劳伦斯 · 卢

埃林 - 鲍文（Laurence Llewelyn-Bowen）给他们上一堂速成课，教他们粉刷橱柜和卧室的基本要领。这不是告诉人们要去做什么。而是先告诉他们怎么做，然后让他们自己去做。记住，这是在翻新。是要去利用一些不太好的东西，使它们变得更好、更漂亮，并且让人们了解它们需要好好地得到爱护。

***4.* 真相时刻**。几乎每一个家庭装修节目中都有一个真相时刻。你可能会发现在一个大衣柜的后面，竟然还藏着一个惊人的大壁炉，或者给有理想的年轻人一个更好的学习场所。这是一个快速见效的方法，也说明了你正在做什么和为什么要做。当你要对一个服务进行修复的时候，你每天也需要一两个“啊哈”仿佛恍然大悟的时刻来激励团队。

***5.* 快速修复和结构改造**。一般的家庭装修节目里是不会敲掉墙壁或重新安装排水系统的。所以值得花一点时间去规划你能做什么，这包括现在能做的、以后能做的和永远做不到的。现在要做的很明显就在眼前。如果你现在着手改变它，就会改善客户体验，然后继续保持下去。

以后要做的事情也很重要，但是你可能不会在一个星期内就能做好。然而，你可以给它制订一个计划。一步一步地来做，不断地向前推进。最后，还有那些永远做不到的事情。有些改变太不切实际。你要有选择性地去做。即使在电视节目中，有那么高的预算也不可能改变一切。要现实一点，有时候采取一个变通的方案是有用的。请记住，当你离开的时候，你希望你的团队能受到鼓舞，并且走上不断积极改变的通道。

***6.* 保持联系和持续跟进**。我在电视上看到，最近凯文 · 麦克劳德（Kevin McCloud）重访了一些在《宏大构想》节目中出现过的地方。这些改造大师们看到凯文很高兴；他们想炫耀他们的房子已经改造成熟，已快成为他们的

家园了。如果你做对了，你派出的专家应充满关切之心而不只是指责，提出具有建设性的意见而不仅仅是评判，具有合作精神而不是争权夺利，那么你就会建立起良好的伙伴关系。

火热酒吧就采用了这种方法。他们进行的翻新，除了酒吧的装潢，还包括员工内在素质的提升。

瑞秋 · 李（Rachel Lee）是宾客服务培训经理。她告诉我："每个项目都有一个专职的培训师，来提供两天的服务培训。这是一个很好的机会，可以让我们重新关注我们的团队，点燃服务的激情。

结果不言自明。销售额平均每周提升21个百分点。净推荐值也从71%提升到87%。哇！你说这两天的闪电式培训值不值？我认为肯定值。

五星级服务的修复在于鼓舞，激发员工的士气，让他们知道你关心他们，希望他们能更好地享受工作的乐趣。这种干预的结果是惊人的。而且，如果你做得很好，你在改造方面的能力就会不断增长，青出于蓝而胜于蓝。

诀窍 46

敲响铃铛

这里有一个简单却有效的办法，在你的机构里推进五星级服务的思维和工作方式。你只需要有一个放置在桌面上的铃铛。使用这个铃铛的方法也很简单，每当大家完成了一次优秀的客户服务，或者有什么值得庆祝的时候，为了鼓励大家就敲响它。

多年来，我一直使用这个办法，并且在许多机构里推广这个办法。这已成为他们工作方式的一大特色。这个办法之所以被推广开来，是因为我希望人们能分享他们成功的喜悦。

我与一家公司开展合作的时候，发现一个销售员那天刚刚完成了一笔1000万的交易。第二天早上，他来到办公室，坐在电脑前，给老板发了一封电子邮件，隔天早上他收了一封回信，说："做得好！"在6个月后举行的年度表彰会上，他获得了公司的奖励。

所以我开始思考。我们都举办过类似的活动。这些活动都非常有趣和激动人心，但在一年中的其他360多天呢？我们又该如何庆祝成功呢？多年来，我的办公桌上一直放着一个铃铛，我的团队成员有时候会来"叮"地一下敲响它，但是在这“叮”的一声后面并没有什么其他正式的含义。接下来的一周里，我和客户回到办公室的时候，我把这个铃铛交给他们。然后，我们一起制订了一些规则，讨论如何“敲响铃铛”。大多数人每天至少都有一次机会敲响铃铛。

这个办法真的很棒。第一个敲响铃铛的人，怯怯地走到放着铃铛的桌子边，轻轻地敲了一下——“叮”。三四个同事为她发出欢呼庆祝，然后他们会问她（这才是这个系统真正发挥作用的地方），“你做了什么事情？”然后，她花了 15 秒的时间讲述，她是如何说服一个客户留下来，不要转投公司的竞争对手，并为公司节省了几千英镑的。

她正在说自己的最佳实践经验。

她得到了大家的认可。

她在办公室营造了一种良好的氛围。

你可以想象这样一种场景。这里有一个 15 人的团队在一个开放式的办公室里工作。你在办公室中间的桌子上放了一个庆祝铃铛。然后——

决定敲钟的标准是什么？

确保每个人都参与庆祝。有人敲响铃铛的时候，即使只是发出一点点“哇喃”的喊声也比保持沉默要好。

不断更新理念并保持新鲜活力。

下面，还有一个额外的秘密奖励，可以帮助你更好地使用这个“敲铃铛”的办法来庆祝和鼓励成功。如果你已经几天都没有敲铃铛了，可是同事们都有敲过，这个时候怎么办呢？这会不会激励你要去敲响铃铛呢？

这确实会刺激人们定期去敲响铃铛，因为每次“叮”的一声响就代表你做成功了一件事情！

行动起来

“敲铃铛”的五个步骤。

1. 买一个铃铛（或者一串铃铛）。

2. 把铃铛放在房间里最醒目的地方。

3. 决定敲铃铛的规则（有时候，也可以让人打破规则，如果他们确实有值得庆祝的事情）。

4. 每当你听到成功的消息时，要鼓励人敲铃铛，然后问他：“你为什么敲响铃铛？”这需要花一点时间来养成这个新习惯。

5. 要让人自由地讲述他们的最佳实践经历，然后尽可能多地把这些案例记录在五星级服务的日志里。

惊叹于细节

我有过这样一位客户。他给那些真正努力肯干的员工买了一只大铜锣，他们把铜锣就放在财务部旁边（这是公司里一个非常具有挑战性的部门），于是他们就会知道到底是谁在给公司创造利润。

诀窍 47

服务价值观

在我的另外一本书《卓越行动力》中，我曾经写过关于哈里·尼克拉迪斯（Harry Nicolaides）的案例。他曾是墨尔本雷吉斯酒店的礼宾员，曾给我和其他宾客留下了很深的印象。尽管这令人遗憾，但我还是要告诉你，哈里已经搬到泰国的普吉岛去了。

在上一次访问墨尔本的旅行中，我满怀期待地前往雷吉斯酒店，想象着就算是哈里走了，也还是可以体验到与他在时相同的服务。但是，30 分钟后，当我们抵达酒店的时候，我深受打击。雷吉斯现在已经完全沦为一家普通的酒店。为什么会这样呢？这是因为成就其以往辉煌的只是一个或两个人的文化，而不是整个组织的文化。我完全崩溃了！我第一次来的时候独自一人，这一次我却是带着我的家人，而且一路上对这家酒店之前提供的出色服务赞不绝口。现在哈里不在这里了，悲剧的是，酒店的魔力也随之而去了。

所以说，如果你想打造五星级服务的文化，怎么可以仅仅依靠一两个人来决定机构的服务质量是好是坏呢？

要有正确的价值观。拥有正确的服务价值观是所有机构成功的关键。要确保它们被写下来，广泛地传播，经常被使用。没有正确的价值观体系，你怎么知道自己是否在创造一个五星级服务文化呢？

几乎所有的机构都有一个使命或愿景——这通常是一群公司高管聚集在一个乡村别墅里开了一场“非现场会议”，就确定下来的。但是，价值观绝对不是这样的。它需要每个人都参与其中，因为当你做出拥有何种价值观的决策是容易的，但要人们更清楚地理解其中更广泛的目标，也要让客户真真切切地感受到，却不那么容易。对你来说，五星级服务是贵公司的价值观吗？

你有没有想过安排一个内部培训会议？这很容易。你可以把团队里的成员聚集在一起，然后问大家这个关键问题：“你经历过的最好的客户服务体验是什么样的，花了多少钱？”你很快就会注意到，最好的客户服务体验与财务成本很少或根本没有必然联系。接下来，你就要问自己，问你可以从这些事情中汲取什么教训，看看哪些可以运用到你的机构中去。

鼓励一些团队成员来接受这个挑战（或者你亲自动手），制作海报和招贴画，增加设备，把客户服务提升到你所期望的水平，然后庆祝成功。你可以参考诀窍46“敲响铃铛”中庆祝成功的方式。这个方法可以使每个人的工作状况都得到改善。它鼓励人们分享成功，如果你还没有敲过铃铛，你肯定会想尽一切办法去敲响它。

你可能是一个服务的天才，你的机构里可能有两三个服务明星，这是非常好的。但是，如果你不能创造一种文化，把五星级服务设定为一种价值和标准，那么你和其他服务明星将很快受挫，情绪低落。所以，一定要努力让大家一起参与进来，这是最值得去做的事情。

真的值得吗？是的，在我们生活的这个时代，客户要求的服务水平越来越高，但是他们甚至都不会告诉你。所以，在打造卓越的五星级客户服务时，你必须处于领先地位。这是必需的。

那么，既然你要赖此生存，你该如何去设定这些服务价值观呢？

首先，要把你想实现的价值观写下来，不管是容易做到的还是很难做到的，都写下来。在我的经验里，有些公司做了一个下午就非常成功，有的公司花了好几个月时间，还几乎没有启动。

我将假设你将是贵公司的服务价值观的引领者。你可以使用下面这个简单的系统。

让所有人（或尽可能多的人）团结起来。这可能是最艰巨的任务。在这个过程中，你必须找到一种方法，最大限度地获取大家的认同，并把那些能提供重要信息的人团结起来。如果你还做不到，那么你就要找到一个有力的方式来与整个机构的成员沟通，说明你正在做的事情，争取他们的理解与认同。仅仅靠一份会议备忘录是绝对不够的。

要和大家说明，为什么你认为客户服务价值观至关重要，还要给出一些案例证据来证明，并且与大家一起分享价值观的好处：自由、成就感、决策的便利，等等。

> 现在问你的团队两个问题：
>
> 对他们来说，什么是重要的？
>
> 对客户来说，他们认为什么是重要的？

分组讨论是个好办法。你可以把大家分成几个小组，就这些问题和想法进行小组讨论。你不要指望通过大范围的讨论来获得大量的反馈意见（如果你的机构员工少于 10 人，这当然是最好不过的了）。

寻找主题

通过给定的信息寻找一个主题，但是要注意，不要误导团队走到错误的方向上，找出可以用作价值观的词语。你可以说这三句话——“让客户感到惊喜”“让客户感到新颖”和“让客户感到与众不同”。然后，再问小组成员能否就“惊喜”这个词做一个总结。如果他们能做到，非常好；如果做不到，你要问他们为什么，并且认真倾听他们的回答。

关键词

下一步就是要进一步对你的客户服务价值观进行总结，找出几个关键词。这是一个非常有趣的现象，因为人们做事情往往会本末倒置，在找到一个价值观之前，先要给它做一个确切的描述。这往往需要几个星期而不是几个小时的时间，所以你要告诉参与者，你会做这项工作，但是现在你正在寻找一些有用的关键词。

优先权

下一步就是采取措施把一个长长的名单尽量缩短。最简单的方法就是寻找近义词，并将它们分类。然后找出会优先考虑的。如果你觉得还是太多了，那就删掉最下面的选项（这是一个经验法则——如果你的列表上有太多选项，你根本就记不住它）。

描述

然后，你要为每个关键词都写下具体的描述。如果你带领一个大团队或者公司全体都参与的话，我还是要建议你进行分组讨论，来完成这项工作。描述应该简短和精练，要根据相关的关键词，给出一个简练的描述和有力的行动。比如，精确：每一次都不能出错。

传播

当你全部完成了上述工作，确定了你的服务价值观，你就要确保所有人都知道它们，知道如何使用它们，并鼓励每个人都签署它们。然后，把它们打印出来贴在墙上。把它们做成小卡片，让大家来分享应用这些价值观的时刻——激励那些还没有这样做的人。还要把它们上传到在你的网站上（你可以在 www.michaelheppell.com 网站上看到我的服务价值观）。让它们成为你文化的一部分。这的确需要一点时间，也许从来就不完美，但你的努力总会得到回报的。

如果你在头脑风暴的时候突然卡壳了，你可以尝试从下面这些词汇开始：

卓越	精确	有礼貌
准时	奇迹	创新
有趣	周到	独一无二
参与	优秀	值得推荐
纯正	友好	开心
最佳	积极	惊喜
进步	干净	著名
系统	稳定	时髦
获奖		

诀窍 48

授权

有一次，我受邀到位于伦敦动物园的英国广播公司的一个会议上演讲。这次活动进行得很顺利，后来我们获得了一次卖书的机会。当时我的第一本书《卓越行动力》刚刚出版。当我的团队告诉我书已经卖完了，我当然很高兴（第一本书总是会畅销的）。

我与他们道别，然后离开去参加另一个活动。这时发生了一个未曾预料的问题。克里斯来了。他是和我预约了这次演讲的负责人，他走到书架前，表示歉意，说是不好意思迟到了，希望能要一本我的书。我的团队不得不告诉他书已经卖完了，明天我们会给他寄一本过来。“好的，没问题。”他回答道。然后转身对自己的一个同事说：“真是太不巧了。我还打算早上在飞机上看呐！”

下面这场出色的五星级服务的体验，真可以说得上是结合了运气和我们平时的准备。我的同事做事情的时候始终“抬着头”保持警惕，这让她听到了他随后说的第二句话，然后她就开始采取行动。10 分钟后，她乘上出租车到处找书店。她找到一家书店，就冲进去买了一本《卓越行动力》的书。接着，她又跳上了另外一辆出租车，赶回了英国广播公司的总部。到了之后，她说服保安和克里斯办公室的工作人员，把新买的书放在了他的办公桌上，并写下一张便条夹在书里，希望他会享受读书的快乐，并祝他一路平安，旅途愉快。

几个小时后，克里斯回来取为第二天会议准备的文件。哇噢！你猜猜他第一眼看到书是什么表情。他根本没有想到：（1）我们知道他要去乘飞机；（2）我们竟然知道他想在航班上读书；（3）我们在这个偏僻的地方给他找到了这本书。

然后，猜猜看他把这件事都告诉了谁？没错，事实上，他逢人必讲。

那么，我的同事怎么会知道她要花时间、金钱和精力去做这件事，她为何没有为此纠结呢？很简单，因为在迈克尔 · 赫佩尔公司早期的时候，我们就已经授权给团队成员，并且制定了细则：他们可以花多少钱，他们可以花多少时间，他们可以做任何符合公司价值观的决定。我们以此来确保为客户创造出令人惊叹的五星级客户服务的经验。你从来不需要申请，你只要好好去做。就算你犯了一个天大的错误，也是完全可以容忍的。我们就把它当作一个不错的实验，好好记住就行了。

那时，迈克尔 · 赫佩尔公司的员工可以花 1 个小时和最多 50 英镑的钱，去为客户提供令人难忘的客户服务体验，只要它符合我们的价值观，就是完全可以接受的。

以送给英国广播公司的克里斯的那本书为例，这个规则被执行得相当完美。

总花费：43.99 英镑（出租车费：34 英镑；买书：9.99 英镑）

时间：50 分钟

价值观：迈克尔 · 赫佩尔公司的价值观第五条——努力达到客户要求，让客户惊喜。

就是这么简单。

如果你是老板，请确保你的员工清楚地知道：他们可以花多少钱、花多长时间，以及他们为此付出的行为体现了什么样的精神（价值观）。

如果你不是老板，可以要求你的老板回答下面的问题：

★ 为了提升客户服务体验，你的员工（或你）能花多少钱？

★ 能为此投入多少时间？

★ 你知道该怎么去做吗？

★ 为什么要这样做吗？

行动起来

如果你想给员工授权，让他们提升五星级客户服务，那么你就必须要做好下面五件事。如果你没有员工，那就去问问你的老板你是否可以这样做。

1. 设定预算。在现金使用和时间上都要设定预算。我们会惊奇地发现，人们往往不会去主动创造机会或解决问题，因为他们觉得没有花公司钱的权力。

2. 分享好的做法。可以通过奖励 / 公告板 / 内部通讯 / 小组会议等方式，来创造机会分享别人好的经验。

3. 回顾一些发生过的现实中的案例，发现大家在什么地方觉得他们没有权力。如果确实如此，就要探讨这样下去会发生什么情况，或者可能会发生什么事情。

4. 创造一个“允许失败”的环境。在这种环境下，如果有人主动去做某件事，却做错了，其实他们没有失败，而是获得了一个极好的学习机会。

5. 要去做。找机会去做。创造机会去做。因为关键在于知行合一。

7

第 7 章 商业蓝图

拥有出色的客户服务的机构能花更少的钱，赚更多的钱。

诀窍49

品牌评价

“决策”公司号称自己是“决策设计师”，专门帮助企业创造积极的形象来影响消费者的决定。要知道一个普通人一天要做出数以千计的决定，他们的工作就是要确保精明的顾客选择他们客户的产品而不是竞争对手的产品。

他们确实干得不错。

这家公司的总裁杰里 · 霍尔（Jerry Hall）告诉我：“客户服务就是品牌体验。”我想，我明白他的意思，但是我仍然打破砂锅问到底。

他接着解释说：

品牌不仅仅是一个名称或标志，它也是一个对客户体验的承诺。

一个人与品牌之间的互动就是一个品牌的客户体验。这种互动可以通过电视广告或门店服务来完成。但是，它也可以通过互联网、电话、面对面的方式来进行，甚至通过员工和其他客户来获得相关信息。

在过去的几年中，随着社交媒体的迅猛发展，决策的权力戏剧性地转移到了客户手中，客户的“口碑”极大地影响了买家的行为。

事实上，“口碑”已经成为影响购买行为 20%～50% 的重要因素，特别是针对首次购物者或价格昂贵的物品。

这就意味着，你的客户在决定你是一个什么类型的机构的时候，已经有意无意地受到许多因素的影响，其中许多因素根本就不在你的营销计划之列。

与此同时，这也给了你一个很好的机会去采取行动。

当我们与其他公司合作时，我们经常使用游戏的方式来开展讨论。其中一款很受欢迎的游戏叫作“品牌评价”。这个游戏构思简单，效果明显。

我们一共有十张牌。每张牌上都印有一个著名品牌（商标）。比如说，我们可以用维珍公司、微软公司、瑞安航空、约翰·路易斯百货公司、英国国民保健机构等公司的品牌。

游戏的方法也很简单。把这些代表不同客户服务品牌的卡片按照最好的到最差的次序排列起来。

接着开始小组讨论。这是这个游戏中最有趣的地方。一个人通常会跳出来，拿起一张卡片说：“他们必须在前面（或后面）。”总会有一些服务品牌被挑出来。

然而，针对前三名和后三名的品牌，大家很少有一致的意见。在讨论中，当大家都在为自己的选择争辩的时候，你就会听到，某些单词和短语会一次又一次地不断出现。

“那不是我看到的。”

“我喜欢 ××，这就是原因。”

“在我的经验中……”

在许多情况下，我们总会看到，有些人会非常激烈地捍卫或指责一个品牌，其他人就会做出让步。

有意思的是，在小组讨论结束的时候，我们会探讨为什么有些品牌会跑在前面，而另一些则始终垫底。

但是，真正有趣的是要能够理解为什么会出现这种情况。

尽管在讨论中，我从来没有要求他们分享自己的个人经验，但是他们每个人都这样做了。这种强烈的个人原因战胜了任何形式的市场营销、广告或公关活动。

现在你要考虑这样一个问题。如果在游戏中，我们把你的品牌作为第十一张牌加进去，它会处在什么位置上？

诀窍50
服务公关

你凭什么出名？你能赢得顾客服务奖吗？

当你读完这本书的“诀窍1服务之星”后，你会发现一个有潜力获得高分的地方，那就是服务公共关系。简单来说，就是客户与你，甚至你的员工之间的关系。人们会经常提到这些，我们也会经常在媒体上看到这些，最近几年我们则会在互联网上看到大量关于你的新闻。

一些机构愿意花钱来请公关公司，搞一些噱头和广告来传播他们所谓的惊人的服务（这通常是他们的自我炒作）。这样做，就算你花了巨额的公关费用，也会收效甚微。

还有一些机构则花费了巨额资金试图从公共领域中消除那些糟糕的评论和负面影响。你可以想象一下，在董事会上，预算被瓜分的时候，最大的一块奶酪就是这块“防御型的公关预算”。

然而，有些机构已经做得很好了，他们只是聘请公关公司来进行恰到好处的“煽风点火”，点燃客户中正面支持的星星之火；忠诚的客户都热衷于谈论自己的经历，并在必要的地方维护公司的形象。

那么，你如何去创造精彩的服务公关呢？你可以从下面这七个步骤开始。

第一步：（这应该是显而易见的）创造出色的五星级服务。我有一个潜在的客户想要赢得全国客户服务奖。他问我，他应该如何去做。当我解释说，我认为创造一个出色的五星级服务是必要的，他又接着问我："有没有什么更容易的方法呢？"

第二步：确保你机构里的每个人都知道你要创造一个精彩的服务公关。这似乎又是显而易见的，但是会让你感到吃惊的是，很多人都会把他们对服务的感受藏在心底，讳莫如深。要鼓励你的团队分享成功经验，学习和解决客户的问题。

第三步：把你所做的一切都记录存档。每当你讲起这些伟大的事迹时，你都会感到自豪。当别人读到这些精彩的故事时，也会不由赞叹。

第四步：分享成功！你可以编印公司新闻通讯稿，召开新闻发布会，雇用公关公司。并且把你成功的美妙经历都放在你的网站上，与大家分享。

第四步半：做完第四步中的这些事还是不够的。精彩的服务公关是需要一点时间积累的，还需要一些更有力的事实来证明，这些都不是你自己就能做到的。是的，它需要你的客户说出来。

第五步：要给你的客户一些值得称道的东西。有一本非常畅销的电子书叫作《反转漏斗》（***Flipping the Funnel***），在这本书中，作者赛思 · 高汀（Seth Godin）论述了如何利用客户的呼声来提高你的声誉。如果你可以告诉客户如何称赞你，想象一下你的服务公关会是什么样子。这可不是你自吹自擂。你要开始与客户交谈。要使用社交媒体，要拿起电话，问客户问题和认真倾听。

第六步：得到认可。你的机构要加入一个国家的客户服务体系，或者获得顾客服务奖。你可能会获得这个大奖。或者，你也可以写信告诉我你取得了什么成就。如果我认为这对我的读者和观众有帮助的话，我总是乐于分享成功的案例的。

第七步：确保你能身体力行。要想把自己的服务提升到五星级，你就不能掩盖经验不足、状态低迷、缺乏培训等问题，也不要去找任何可能令你墨守成规的借口。

服务公关是买不来的。就算能买来，那也只是一时的。

一个出色的服务公关是能够让你真正为客户服务的成功而欢呼庆祝的，而且你的客户也会与你一起感到欢欣鼓舞。

诀窍 51

卖给我解决方案

我非常喜欢看天空电视台。我订阅了它旗下的体育频道、电影频道、纪录片频道、高清频道、多屏服务等几乎所有频道和服务。所以，当它开始提供新的宽带业务的时候，我发现它们的宽带速度快、费用低（顺便说一下，诺森伯兰郡的郊区还没有这种高速宽带），于是我又订购了新的宽带服务。

整个订单的处理过程真是很麻烦，但作为一个忠实的客户，我还是原谅了他们，只要他们能够像他们承诺的那样，在圣诞节前把新产品送到就行了。尽管，有一些延误，作为一个忠实的客户，我仍然可以忽略。然而，路由器终于在平安夜送到了，可是我们只有一台电脑可以上网（幸运的是我的电脑可以上网，不幸的是孩子们的电脑还是上不了网）。你简直无法想象，一个十几岁的孩子过圣诞节的时候不能玩 Facebook 是一件多么可怕的事情。

接下来的事情非常有趣。两个星期以来，我几乎每天都要和一大批技术人员打电话。所有人都是那么彬彬有礼，乐于助人，富有耐心。但是，他们没有一个人能帮我把笔记本电脑连上网。然后，经过各种程序的“升级”之后，我最终弄明白了很多互联网的知识和技术，就快成为专业技术人员了。

最后的一位销售人员解决了这个问题，他问的第一个问题是，“您在笔记本电脑上是否连接了天空网络无线接收器？”我甚至不知道有这样一个天空网络接收器的东西，所以我问他这个接收器在什么地方能找到。他告诉我，“在天空宽带网络公司有售，每支售价20英镑，可以享受次日到货的服务。”好，问题解决了。

这个问题一直让我困惑。为什么我要在过去两个星期里，每周有三四天，平均每天花两个小时，和可爱的、富有耐心的天空技术支持人员咨询，不断重置IP地址并做那些天知道是什么的设置，最后这个问题可能只要花20英镑就能搞定了。

解决方案非常简单。

但是，为什么我在向那么多人咨询的时候，他们都不告诉我这个解决方案呢？因为，他们不是在做销售。许多人都会被这样一个想法束缚，就是一个好的销售不一定能做好客户服务工作。

这个结论当然有两面性，下面我可以用一个简单的问题来证明。

> 如果我的客户不得不通过购买的方式来找到所需的解决方案，那么他们会不会得到更好的服务，并感到物有所值呢？

采取正确的方式，并始终把客户的需求放在第一位。如果解决方案能提供真正的价值，大多数人都很乐意去买单。下面就是一些例子。

如果你想要“在座服务”，更宽敞的座椅和舒适安静的旅程，那么你就会买头等舱的机票。

如果你想一下班回到家，就能看到熨好的衣服，房间打扫得一尘不染，那么你会雇一个管家。

如果你希望自己的电脑工作出色，从来不会死机，而且能够存储数小时的视频和数以百万计的照片，那么你就会购买一个容量巨大的硬盘和一块更好的处理器芯片。

> 五星级服务并不是说，不可以通过另外收费的方式来提供更好的价值。

事实上，销售解决方案可能是创造出色客户体验的最佳途径。

诀窍 52
建立客户服务品牌

品牌，品牌，还是品牌。今天的商业新闻几乎都是关于品牌的。谁拥有最受认可的品牌，谁的品牌价值最高？推出一个新品牌花了多少钱？当谈到五星级服务时，毫无疑问，众所周知品牌最重要——品牌几乎决定了一切。因为到最后，品牌就是你的形象。这就是你与众不同的地方。

在研讨会上，我经常会问：“谁愿意给一家公司投资 100 000 英镑？”所有人都举手了。然后，我展示了一张幻灯片，上面写着“你们的公司”，我接着问他们，如果他们是一家公司，我有 100 000 英镑投资给他们，他们是不是值这么多钱？许多人又举手了。我们都认为自己应该值那么多钱。我再问他们，他们为什么值这么多钱？关键时刻出现了——大多数人都不知道为什么，不少人的手放下了。那些剩下来的人被要求做一个 15 秒的商业宣传，说说为什么他们应该得到这笔投资。

他们的回答可谓是各种各样。有的满口答应给我双倍的回报（我想我无法与他们签下投资协议），有的尽管是注册的慈善机构也唱起了高调，可是刚等到有机会表演，时间就到了。经过四五轮的“广告”之后，我问小组里面的人，他们会投资谁。在大多数情况下，我得到的结果就能充分说明什么是“个人品牌”。因为小组里最可爱的人会得到所有的选票。不是那些自认为“自己值得投资”的人，也不是那些坚持认为他们是一个“最佳投资”的人，而是那些你最想成为朋友的人。

这就是客户服务品牌的关键之处——做好你的服务，让别人最终成为你的朋友，而不仅仅是你的客户。

萨奇广告公司的全球执行总裁凯文·罗伯茨（Kevin Roberts）提出了“至爱标识”系统。他把这个系统描述为一种“超越品牌的未来”。一个“至爱标识”可以把忠诚度提高到一个全新的水平。这些人不仅会对品牌忠诚，还会去积极推动名牌影响力。你会说服别人去改变，你觉得你是大家庭中的一分子，随时为了大家的利益战斗到底。大部分创建“至爱标识”系统的机构都主张以人为本。你可以给你的机构描述一个值得拥有的“至爱标识”系统吗？

这是一个大问题。

如果品牌对你来说至关重要，那么你要怎么做才能培育你的“个人品牌”呢？

行动起来

下面这五种方法可以帮助你培育“个人品牌”，让你的客户真正爱上你。

1. 请记住你就是品牌。品牌不仅仅是广告或文具上的公司标志。

2. 品牌需要保持活力。每一天都要展示出你最好的一面，永远不能懈怠。

3. 品牌是建立在坚如磐石的价值观上的。你有没有把你的价值观写下来，每一天都随时做好准备为之奋斗呢?

4. 品牌无国界。你的服务是否已经拓展到了你的影响范围之外? 你的“个人品牌”国际化了吗? 你的“个人品牌”仍然会获得赞誉吗?

5. 问自己为什么会拥护一些品牌而排斥另外一些品牌。尽量多做那些能够吸引你的事情，少做那些会让你排斥的事情。

诀窍53

巅峰与谷底的交替

当你学习这些技巧时，你会发现自己经历了几个不同的学习阶段。一共有五个阶段，我把它们叫作“巅峰与谷底的交替”。

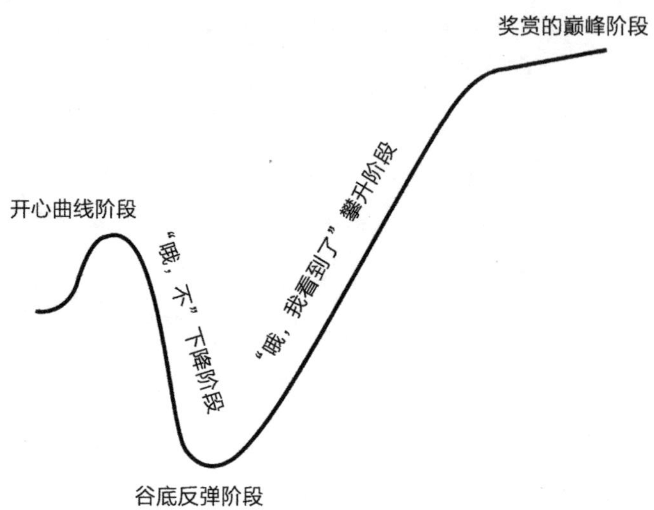

开心曲线阶段

第一个是“开心曲线”。这个曲线最伟大的地方在于，你刚开始使用你获得的新理念，很快就会得到一些令人惊讶的结果。事实上，你会非常兴奋地使用五星级服务的理念，甚至就算事情出错了，你也不会注意到。如果你的团队的其他人与你一起使用这些技巧，那么开心曲线就会延续得更长。

“哦，不”下降阶段

接下来就是所谓的“哦，不”下降阶段。这是一个比较有趣的阶段，因为即使你使用了从这本书中学到的工具和技术，你似乎还是会不断地犯错。这可能令你感到非常沮丧，但它不像是在学习任何新技能，更像是给旧习惯换上了一件新马甲。

我曾经参加过一些高尔夫课程。在最初几轮训练之后，我的技术没有任何进步。事实上，我非常用心地去学习了这门新技术，我甚至是跟专业老师学的，我的技术没有变好反而变得更糟糕了。但不久之后，我的投资开始有所回报，我可以把球打得比以前更直，更远了。

谷底反弹阶段

下一步就是所谓的“谷底反弹”阶段。它看起来可能令人生畏，但它实际上是一个非常重要的阶段——因为这几乎是你的所处的最低点了，此时必将有个大反弹，把你带入下一个阶段。在这个阶段，贵在坚持。我看到很多人都放弃了，因为虽然他们已经到了谷底，但是他们并没有意识到即将到来的反弹，将是另外一个不断上升的阶段。这也是一个最令人迷惑的地方，但这没关系，因为接下来就要到我所说的“哦，我看到了”这个攀升阶段了。

“哦，我看到了”攀升阶段

“哦，我看到了”攀升阶段是最有意义的阶段，这个时候你的辛勤工作真正开始有所收获。这些技巧运用起来越来越容易，五星级服务也成为一种生活方式。你真的开始完全理解这些理念，并更好地让他们发挥作用了。这样一来，你就能彻底掌握这些技巧。

奖赏的巅峰阶段

最后一个阶段是奖赏的巅峰阶段。在这里，你将得到所有的回报，你将开始收获这本书中的理念给你带来的好处，而且开始掌握并熟练运用它们。

你必须意识到自己一定会通过这五个阶段来不断取得进步，这是实施书中理念的重要步骤。事实上，如果你不经历这五个阶段，我真的不相信你完全学会了书中的理念。

所以当你感到沮丧，觉得一些理念没有用，或者达不到你期望的效果时，你要意识到，你可能会经历一个“哦，不”的下降阶段，此刻你要积极调整你的行为，采取一些积极的行动，来迎接即将到来的反弹。

行动起来

当你经历每一阶段时，要做下面五件事。

开心曲线阶段	享受它！充分利用每一个新方法，不断去尝试。
“哦，不”下降阶段	意识到它，确保你身边有人支持你——永远不要放弃。
谷底反弹阶段	不要停留，重新设定你的目标，决心达到更高的目标。
“哦，我看到了”攀升阶段	记录下你的学习过程。当你意识到自己做得有多好的时候，你运用起这些理念就会变得易如反掌，有时你会忘记你是如何做到的。
奖赏的巅峰阶段	把你学到的东西教给别人，并获得回报。

诀窍 54

把《服务的艺术》作为培训材料

自从出第一版问世以来，《服务的艺术》就已被许多人作为一个培训材料。这本书能给人源源不断的灵感。几乎每天都有很多人给我们发来电子邮件或打来电话，向我们反馈，他们使用《服务的艺术》给员工培训的情况。

当然，在完美的世界中，只要你拿起电话打给我，我就会赶过来与你们分享我的理念。但是，在现实世界中，我实在是分身乏术。

书中的一些理念，诸如服务之星、雷达思维、成功在于细节和“搅局者和英雄”的游戏早已被数以百计的机构用作常规的培训内容。我希望更多的人使用《服务的艺术》作为培训的辅助材料，所以这一节的主要目的就是给你一个框架，让你更好地把这些理念落实到自己的机构里去。

为了充分利用这一节所讲的内容，我建议我们可以公平协商，签订一个学习合同。我会告诉你我会做什么，然后我会建议你应该做什么。如果我们都同意，那么这份培训材料就是你的了。

下面是我要做的事情。

我会根据你的机构的实际情况，给你提供一个 90 天（13 周）的培训框架。

在培训框架里，这些理念会被融进去，因为它们已经经过了测试，并被证明是可行的。

最重要的是，如果你已经买了这本书，我会免费为你提供这些培训框架，不会再收取你任何其他的费用。

下面是我想要你做的事情。

同意不影印、不复制这本书的任何一个部分。如果你需要更多的书，请去购买（这本书是非常值得拥有的）。

如果你在其他培训材料中使用到书中的内容，请注明引用材料的出处。比如，注明："这个理念引用自迈克尔·赫佩尔所著的《服务的艺术》。"这样是最好的。

还有，你不能利用这些材料来谋利。如果你是一个分包商、培训师、教练和主持人的话，不能确定自己是否会违反这一条时，请你直接与迈克尔·赫佩尔公司联系（你可以在书后找到公司的联系方式）。如果你来咨询，我们通常会同意的；如果你擅自使用，我们肯定会追究法律责任。

我已经在下面五个领域开发出成熟的培训项目：

★ 办公室的五星级服务；

★ 零售商的五星级服务；

★ 酒店和餐厅的五星级服务；

★ 公共部门的五星级服务；

★ 教育的五星级服务。

如果这些都不适用，那么你也可以好好学习，找到灵感来创建属于自己的五星级服务。

下面是一些我建议你去实施的培训计划。

办公室五星级服务

第1周　服务之星

每一个项目都由此开始。通过这个模型，你可以知道自己现在所处的位置，以及将来如何去改进。

第2周　令人惊叹的细节

这个简单的理念可以让你达到速战速决的效果。

第3周　抬起你的头

一旦你开始运用这个理念，一定要得到参与其中的每一个人的认同。每个月都安排一次检查。

第4周　敲响铃铛

如果你是领导，你必须鼓励大家在接下来的7天内努力敲响铃铛，养成一个成功的习惯。

第5周　超级脚本和关键不是你说了什么

对于电话服务来说，这是非常强大的工具，可以用来处理内部客户和供应商的事务。

第6周　系统化流程——个性化定制

要确保手头有一些好的案例，以供讨论。

第7周　授权

在这个环节中，你需要知道哪些措施是你同意后就可以立即实施的。所以，在这一点上，你要很好地了解自己的局限性和灵活性。

第 8 周　投诉是一个闪光的机会

在这个环节中，你要始终保持警惕，保持乐观情绪，尽量避免出现任何形式的吹毛求疵和相互指责。

第 9 周　名字的奥秘

你要想一些有用的办法。如果你的机构很大，员工很多的话，来一场不同部门之间的名字大猜想，真的会是一次非常有趣的活动。

第 10 周　雷达思维

一旦你完成了这个环节，就会采取大规模的行动来实现你的想法。请记住，安排好回顾检查的时间。

第 11 周　电话服务和高级电话服务

每个人都认为自己已经掌握了最基本的知识，但是你要记住温故而知新。

第 12 周　三大有用的习惯

这一周的内容看上去非常简单，但是你千万不要上当。这三大技巧都需要你好好花上 5 分钟去想想怎么才能去做得更好。

第 13 周　搅局者和英雄

在这最后一周中，你一定会觉得既好玩又乱糟糟的，当然也能从中学到不少东西。这个练习大概需要 1 个小时，当然如果时间允许的话，也可以延长一点时间。

零售商的五星级服务

对零售业来说，现在已经进入了一个艰难时期，所以你要比以前更加努力才行。

随着客户要求的日益增加，你有义务把每一笔生意都做得精彩绝伦。

第 1 周　服务之星

每一个项目都由此开始。通过这个模型，你可以知道自己现在所处的位置，以及将来如何去改进。

第 2 周　成功在于细节

这个简单的理念可以让你达到速战速决的效果。

第 3 周　抬起你的头

一旦你开始运用这个理念，一定要得到参与其中的每一个人的认同。每个月都安排一次检查。

第 4 周　情感账户

要把情感账户与客户掏钱买单的点连接起来，然后去探讨这样一个问题，就算客户的情感账户已经被你透支了，你怎样让他们仍乐意掏钱买单。

第 5 周　建立第一印象的机会只有一次

你需要让你的团队找出在什么地方做错了，而不是让他们指出已经做对的地方。这样,可以让这个环节变得容易一点。

第 6 周　授权和“神秘顾客”

如果你打算使用“神秘顾客”的技巧的话，那现在正是个好时机。至于如何向员工授权，你需要知道哪些措施是你同意后就可以立即实施的。所以，在这一点上，你要很好地了解自己的局限性和灵活性。

第 7 周 投诉是一个闪光的机会

在这个环节中，你要始终保持警惕，保持乐观情绪，尽量避免出现任何形式的吹毛求疵和相互指责。

第 8 周 大买家正盯着你

在这个环节中，一般总会有一两个有力的个人案例，来推动你不断前进。在这个方面，没有人喜欢被定为罪魁祸首，所以要想确保这个环节顺利进行下去，就要允许大家进行充分的讨论。

第 9 周 雷达思维

一旦你完成了这个环节，就会采取大规模的行动来实现你的想法。请记住，安排好回顾检查的时间。

第 10 周 难缠的客户是你最好的朋友

这应该会是最有趣的一个环节，但是话题却很严肃。从团队中听到许多他们认为最难缠的客户的例子可能会非常有趣。

第 11 周 99% 的人是好人

我知道你可能会受到公司的规章制度的束缚。但是这个理念并不是让你去改变规则，而是教你如何去处理它们。

第 12 周　出售解决方案

如果你做对了，你就会信心爆棚，利润飙升。知易行难。要多花时间不断演练这个理念，或许还要执行一些超级脚本。

第 13 周　搅局者和英雄

在这最后一周中，你一定会觉得既好玩又乱糟糟的，当然也能从中学到不少东西。这个练习大概需要 1 个小时，当然如果时间允许的话，也可以延长一点时间。

酒店和餐厅的五星级服务

第 1 周　服务之星

每一个项目都由此开始。通过这个模型，你可以知道自己现在所处的位置，以及将来如何去改进。

第 2 周　建立第一印象的机会只有一次

你需要让你的团队找出在什么地方做错了，而不是让他们指出已经做对的地方。这样，可以让这个环节变得容易一点。

第 3 周　抬起你的头

一旦你开始运用这个理念，一定要得到参与其中的每一个人的认同。每个月都安排一次检查。

第 4 周　令人惊叹的细节

这个简单的理念可以让你达到速战速决的效果。

第 5 周　关注沉默的客户

本周你可以真正发挥优秀的五星级服务的理念，来创建和提倡你自己酒店或餐厅的服务。

第 6 周　雷达思维

一旦你完成了这个环节，就会采取大规模的行动来实现你的想法。请记住，安排好回顾检查的时间。

第 7 周　客户的美好时光

认真阅读这一章中关于丹尼机长的故事，看看他是如何对待客户的——就像他们是第一次乘坐飞机那样，无微不至地照顾他们。这个环节就会在这个吸引人的故事中开始。

第 8 周　盲点

我想当你开始讨论这个问题时，你不禁会惊讶于怎么会有这么多盲点。如果有人举一个例子，你千万不要问："你为什么不早提出来呢？"而是一定要说："谢谢。"

第 9 周　保持清洁卫生

这不容易做到，却非常重要。的确会有很多人推卸责任，但秘诀在于确保让每个人都觉得自己能做出积极的改变。

第 10 周　名字的奥秘

你要想一些有用的办法。如果你的机构很大，员工很多的话，来一场不同部门之间的名字大猜想，真的会是一次非常有趣的活动。

第 11 周　特殊要求

这个环节的主要目的是要改变思维，要从觉得“这多么不方便”转变到“哇，我们的机会来了”。先收集一些现实生活中的案例，然后把这个环节当作一次接受教育的大好机会。

第 12 周　关键不是你说了什么

现在已经是第 12 周了，你应该有信心，自己差不多已经进入角色了，可以更深入地去尝试一些理念了。

第 13 周　搅局者和英雄

在这最后一周中，你一定会觉得既好玩又乱糟糟的，当然也能从中学到不少东西。这个练习大概需要 1 个小时，当然如果时间允许的话，也可以延长一点时间。

公共部门的五星级服务

我曾经与数十个公共部门或机构合作过，这里面就包括英国国民保健署和一些地区的警察部门。我并不认为在公共部门中创建五星级服务更为困难，只是方式不同而已。我在这里列出来的培训计划应该会激励所有愿意致力于公共服务的人。

第 1 周　服务之星

每一个项目都由此开始。通过这个模型，你可以知道自己现在所处的位置，以及将来如何去改进。

第 2 周　令人惊叹的细节

这个简单的理念可以让你达到速战速决的效果。

第 3 周　抬起你的头

一旦你开始运用这个理念，一定要得到参与其中的每一个人的认同。每个月都安排一次检查。

第 4 周　情感账户

在这里，公共部门与其他部门有所不同。因为客户总觉得他们已经为服务买过单了。要弄明白这意味着什么。

第 5 周　系统化流程——个性化定制

要确保手头有一些好的案例，以供讨论。

第 6 周　雷达思维

一旦你完成了这个环节，就会采取大规模的行动来实现你的想法。请记住，安排好回顾检查的时间。

第 7 周　微笑的玄机

这会给你带来立竿见影的效果。我知道你想微笑，我也知道你在微笑，但是公众的感知经常是不一样的。这是给你带来改变的大好时机。

第 8 周　超级脚本

脚本要具有连续性。一个好的脚本可以毫不费力地转变一个人的态度。无论是在电话中，还是面对面交谈，或者在电子邮件中，使用脚本通常是一个更有效的办法。

第 9 周　投诉是一个闪光的机会

在这个环节中，你要始终保持警惕，保持乐观情绪，尽量避免出现任何形式的吹毛求疵和相互指责。

第 10 周　关键不是你说了什么

现在已经是第 10 周了，你应该有信心，自己差不多已经进入角色了，可以更深入地去尝试一些理念。

第 11 周　服务公关

在这个培训环节中，关键是要找到令你骄傲的东西。要与新闻部门联系，提供一些关于你的五星级服务领域中的好消息。要为此感到自豪！

第 12 周　服务价值观

这可能是你最具挑战性的一周，因为你可能总是觉得自己无法去改变这样一个庞大的机构。我要再次提醒你，把精力集中到你能做到的事情上。

第 13 周　搅局者和英雄

在这最后一周中，你一定会觉得既好玩又乱糟糟的，当然也能从中学到不少东西。这个练习大概需要 1 个小时，当然如果时间允许的话，也可以延长一点时间。

教育的五星级服务

我从事的最激动人心的工作之一就是教育。当然，这也是最具挑战性的工作之一。教育正经历着巨大的变革，而且你的客户，包括学生、家长、员工、政府等对你的要求也非常高。

第 1 周　服务之星

每一个项目都由此开始。通过这个模型，你可以知道自己现在所处的位置，以及将来如何去改进。

第 2 周　令人惊叹的细节

这个简单的理念可以让你达到速战速决的效果。

第 3 周　抬起你的头

一旦你开始运用这个理念，一定要得到参与其中的每一个人的认同参。每个月都安排一次检查。

第 4 周　情感账户

在这里，教育领域与其他领域会有所不同。因为客户总觉得他们已经为服务买过单了。要弄明白这意味着什么。

第 5 周　系统化流程——个性化定制

要确保手头有一些好的案例，以供讨论。

第 6 周　雷达思维

一旦你完成了这个环节，就会采取大规模的行动来实现你的想法。请记住，安排好回顾检查的时间。

第 7 周　建立第一印象的机会只有一次和保持清洁卫生

你需要让你的团队找出在什么地方做错了，而不是让他们指出已经做对的地方。这样,可以让这个环节变得容易一点。我已经在前面强调过了，这不容易做到，却非常重要。的确会有很多人推卸责任，但秘诀在于确保让每个人都觉得自己能做出积极的改变。

第8周　微笑的玄机

这会给你带来立竿见影的效果。我知道你想微笑，我也知道你在微笑，但是公众的感知经常是不一样的。这是给你带来改变的大好时机。

第9周　化无聊为神奇

特别是和年轻人在一起的时候。教育的改革推进得非常缓慢（我们都知道他们会在几年内改变对教育的看法），所以重要的是要让学习过程的每一个环节，从入学到毕业，都变得有趣、刺激和愉快。

第10周　忠诚度3.0

教育不可能是一次性的买卖，这个需要保持几个星期、几个月甚至几年的忠诚度。是什么会让学生跟你在一起？你怎么才能让他们不三心二意呢？

第11周　关键不是你说了什么

现在已经是第11周了，你应该有信心，自己差不多已经进入角色了，可以更深入地去尝试一些理念。

第 12 周　服务价值观

这可能是你最具挑战性的一周，因为你可能总是觉得自己无法去改变这样一个庞大的机构。我要再次提醒你，把精力集中到你能做到的事情上。

第 13 周　搅局者和英雄

在这最后一周中，你一定会觉得既好玩又乱糟糟的，当然也能从中学到不少东西。这个练习大概需要 1 个小时，当然如果时间允许的话，也可以延长一点时间。

作者的嘱托

在书的开篇我就强调过要知行合一。想法只是一个想法而已，你要付诸于行动，才能给自己带来巨大的改变。

大发明家爱迪生不仅仅想到了灯泡，还发明出灯泡，接着他又开了公司来生产和销售灯泡。所以，有人评价他说，他取得的伟大成就不仅仅是发明了白炽灯泡，而是给大众送来了光明。

一项优秀的服务也可以说是这样的。这真不是一门简单的执行式技术，它是一门能够给人带来感觉的技术。这才是它真正的特殊之处——你完全可以做到。你可以让人们对你、对你的机构，甚至对他们自己都感觉更好！这不是很神奇吗？

但这并不是偶然发生的，它当然也不会因为你读了这本书而发生。这本书就像一本新汽车的说明书。如果你最近买了一辆新车，你发现你会拿到两本书：一本《快速指南》和一本《详细说明手册》。《快速指南》的目的主要是让你能尽快上手，一般会被当作即时的参考资料使用。

你也要以同样的方式来使用这本书。学会其中最基本的理念，然后立即运用它们。你也可以选择“钻研一下”，把这本书作为一个更详细的手册来使用。其中的差异主要体现在你花费的精力和应用上。而且，每种方法之间你所获得的回报都是相差很大的。

《快速指南》方式的好处和效果如下。

- 可以跳跃性阅读。你总是很忙碌，所以你就可以潜心钻研和尝试那些与你最密切相关的部分。
- 寻找一些快速修正的方法（这里有一些真的有影响力的方法）和经验来立即改善你的客户服务。
- 与同事们分享书中相关的部分。他们可以在你的带领下，迅速统一进度。

《详细说明手册》的方法如下。

- 在你的机构中创造一场真正的文化革新。
- 使用本书作为你的工作手册，创建令客户感到惊喜的工作方式。
- 每周学习一章，作为一个团队训练，花 15 分钟时间来看，你如何才能最好地应用这些理念。然后，评估它们的影响和结果，并选择去运用那些最适合你的理念。
- 准备一本日志，记录下你所使用过的理念及其产生的影响。记录下这些信息，并坚持找到最佳的方法，使这些理念在你或者你的机构中发挥最大的作用。

无论你选择哪种方法，我都希望，通过阅读本书，你能成为一个和我一样对客户服务充满激情的人。

我可不是随便选用了“激情”这个词。

当你对某件事充满激情时，你总是会想方设法地去做好它。即使人们都说这不可能成功，你也会变得更有决心和创造力。

当别人都已经精疲力尽的时候，激情会给你提供更多的能量。要想使这本书中的理念真正发挥作用，真的需要这种激情。如果你没有领会到这个精神，我建议你再把这本书重读一遍。

从服务之星到意识到每个人都可以成为你的竞争对手，我已经教授了你不断走向成功的工具和方法。我知道运营一家机构是什么样的感觉。真的是很艰难、很艰难的。但是现在，比以往任何时候，你都需要超越你的竞争对手。我认为最好的方法就是通过惊人的五星级服务来取得成功。

这肯定不容易，如果容易的话，每个人都会去做。它也不能快速见效，但是非常值得去做。它虽然材料成本不高，但在情感上却非常珍贵。无论你以何种方式看待它，为你每天遇见并服务的人创造一个五星级的神奇时刻都是你能做的最有意义的事情之一。

我真希望有一天能有机会去体验你的五星级服务。

版权声明

著作权合同登记号 图字：01-2016-4778 号